Margaret Therkelsen

Erfülle mich, Heiliger Geist

Margaret Therkelsen

ERFÜLLE MICH

Die Kraft Gottes im Alltag erfahren

HEILIGER GEIST

Projektion J

Titel der Originalausgabe:
Realizing the Presence of the Spirit

1. Auflage 2000

ISBN 3-89490-306-6

Auf der Grundlage der neuen Rechtschreibregeln.
Die Bibelstellen wurden der »Gute Nachricht-Bibel« entnommen.

Übersetzung: Silvia Lutz
Umschlaggestaltung: Hanni Plato
Umschlagfoto: Comstock
Satz: Typostudio Rücker
Druck und Verarbeitung: Schönbach-Druck, Erzhausen

Mein großer Dank
gilt meinem geliebten Mann,
mit dem ich seit 31 Jahren verheiratet bin.
Er hat für mich das Manuskript dieses
Buches abgetippt.

Auch Duane und Bonnie Kinslow danke ich von
ganzem Herzen dafür, dass sie die Arbeit,
die diesem Buch zugrunde liegt,
zu Papier brachten.

Inhalt

Einleitung

Tausende von Menschen sehnen sich heute von ganzem Herzen nach einer tieferen, befriedigenderen Beziehung zu Gott. Wie Ijob vor vielen Jahrhunderten schreien sie innerlich: »Wenn ich nur wüßte, wo sich Gott befindet und wie ich zu ihm hingelangen könnte!« (Ijob 23,3). Einige Sätze später sagt Ijob: »Ich bin gespannt, was er dann sagen würde, wie er mir darauf seine Antwort gäbe« (Ijob 23,5).

Vertrautheit! Erfüllung! Gott persönlich ist unser Freund! Und wir überlassen die Herrschaft und Kontrolle über unser Leben immer mehr ihm, denn wir lernen ihn ständig besser kennen und vertrauen ihm von Tag zu Tag mehr.

Wie entsteht eine solche Freundschaft mit Gott?

Erstens kann sie nur entstehen, wenn wir Jesus darum gebeten haben, in unser Herz einzuziehen, und wenn wir glauben, dass er wirklich in uns wohnt. Wenn wir ihn eingeladen haben, dann lebt der Heilige Geist Gottes auch in uns. Unsere Beziehung zum Heiligen Geist lässt sich mit keiner auch noch so ähnlichen anderen Beziehung vergleichen. Sie ist andersartig, weil wir sichtbar sind und der Heilige Geist unsichtbar ist, weil wir unseren eigenen Willen haben und durch und durch eine eigene Persönlichkeit sind. Er aber ist sanft und zart und spricht mit einer leisen, unaufdringlichen Stimme zu uns. Wir müssen lernen, auf ihn zu hören, wenn er in der Stille tief in unserem Geist zu uns spricht.

Zweitens kommt er in unseren menschlichen Geist hinein und will darin wohnen. Aber unser Seelenleben – unsere Gefühle, unser Denken, unser eigener Wille, unsere Persönlichkeit – ist so stark ausgeprägt, dass wir ihn die meiste Zeit kaum wahrnehmen. Selbst als Christen leben wir aus unserer eigenen Kraft und aus unserem eigenen Willen und nicht aus ihm (vielleicht mit ein paar wenigen Ausnahmen).

Drittens ist unser seelischer Bereich von Natur aus nicht auf Gott und seinen Willen ausgerichtet. Er ist sehr auf sich selbst konzentriert. Wir drehen uns so sehr um uns selbst und um unsere eigenen Wünsche, dass wir viel mehr an uns denken als an ihn. Wir müssen uns ihm jeden Tag bewusst zuwenden und uns Zeit für ihn nehmen. Nur dann bekommt er Gelegenheit, uns in seine Schule zu nehmen und uns die Augen dafür zu öffnen, was er tut und wie er uns antwortet. Wenn wir dies nicht tun, sind wir viel zu sehr mit uns selbst beschäftigt und merken oft nicht einmal, dass er in uns lebt. Unsere Freundschaft kann dann nicht so wachsen, wie Gott es sich sehnlichst wünscht. Jesus bezeichnet uns als seine Freunde (Joh 15,15). Er sagte: »Ihr seid meine Freunde, wenn ihr mein Gebot befolgt« (Joh 15,14).

Schließlich basiert diese Freundschaft darauf, dass wir dem Heiligen Geist erlauben, uns liebevoll zu korrigieren, uns zu formen und uns so zu verändern, dass wir Jesus ähnlich werden. Das bedeutet, dass wir offen sind für das Handeln des dreieinigen Gottes. Wir müssen bereit sein, ihm immer mehr die Kontrolle über unser Leben zu überlassen. Wir sollen abnehmen und er soll wachsen (Joh 3,30). Erst dann bekommen wir einen Blick dafür, was Gott von uns möchte, und versuchen, durch die Kraft des Heiligen Geistes nach seinem Willen zu leben. Wenn wir dem Heiligen Geist erlauben, an unserer Persönlichkeit und an unserem eigenen Willen den Hebel anzusetzen, freut sich Gott. Jedes Mal, wenn wir uns ihm unterordnen, belohnt er uns dadurch, dass wir seine Gegenwart noch bewusster spüren.

Dieses Buch will ein Wegweiser sein. Es will zeigen, wie wir dem Heiligen Geist mehr Zugang zu unserem Leben und mehr Freiraum in unserem Herzen überlassen können, damit er uns helfen kann. Er wird unsere Motive und Absichten ans Licht bringen (Hebr 4,12). Er wird liebevoll aufdecken, wo wir uns ihm gegenüber falsch verhalten haben, damit wir unsere Fehler erkennen und uns ändern können (Joh 16,8). Er lehrt uns alles, was wir wissen müssen (Joh 14,26). Er legt liebevoll den Finger auf unsere wunden Punkte und hilft uns (1. Joh 4,16). Wir lieben ihn, weil er selbstlos und schnell unseren Blick auf Jesus Christus lenkt (Joh 16,7-15). Genauso wie der Vater uns zu Jesus zieht (Joh 6,44), hilft uns der Heilige Geist, ganz nahe in die Gegenwart unseres wunderbaren Herrn zu kommen (Joh 14,16-27). Was das bedeutet, erklärt Paulus mit den Worten: »Der Herr aber ... wirkt durch seinen Geist. Und wo der Geist des Herrn ist, da ist Freiheit« (2 Kor 3,17). Die Dreieinigkeit Gottes ist ein Geheimnis: Jesus lebt und wirkt durch den Heiligen Geist in uns, aber gleichzeitig wurde Jesus Christus »zu dem Ehrenplatz an Gottes rechter Seite erhoben und erhielt von seinem Vater die versprochene Gabe, den Heiligen Geist, damit er ihn über uns ausgießt« (Apg 2,32-33).

Wenn wir vor Gott still werden, geben wir dem Heiligen Geist Zeit und öffnen ihm den Zugang zu unserem Herzen. Nur so kann er in unserem menschlichen Geist wirken und die Liebe Gottes in uns zur Entfaltung kommen lassen (Röm 5,5). Der Heilige Geist führt uns in die Gegenwart Jesu. Wenn wir in Anbetung und Ehrfurcht vor Jesu Füßen stehen oder knien, werden wir oft erleben, dass der majestätische Gott, der Vater im Himmel, uns näher zu sich zieht (Hebr 9,11-14; 10,19-23).

Je länger wir in der Gegenwart des dreieinigen Gottes bleiben, umso deutlicher werden wir jede einzelne dieser drei Personen erkennen. Wenn wir vor Gott still werden und warten, öffnen wir dem dreieinigen Gott den Zugang zu unserem menschlichen Leben und Geist. Wie dies geschieht, ist ein großes Geheimnis, aber dadurch, dass der Heilige Geist in uns wohnt, ist uns Gottes Leben immer zugänglich (Eph 1-2). Wenn wir die Ratschläge, die wir in der Bibel lesen, befolgen und zu ihm gehen, auf ihn warten und auf seine Gegenwart und Stimme in uns hören, geben wir ihm Gelegenheit, in uns zu wirken. Dadurch lernen wir, noch engere Freunde des Vaters, des Sohnes und des Heiligen Geistes zu werden.

Auf diese Weise kommt Gott zu uns, und seine Weise ist wirklich die beste. Er möchte uns von dem Drehen und Kreisen um uns selbst und von unserem Eigensinn befreien. Er führt uns in die Gemeinschaft mit ihm. Er möchte sich uns so offenbaren, dass wir uns richtiggehend in ihn verlieben. Er möchte uns immer mehr mit seiner Liebe überschütten und durchdringen. Sind Sie bereit, sich auf das größte Abenteuer Ihres Lebens einzulassen? Er wartet voll Sehnsucht und Liebe auf Sie. »Jesus Christus lebt in uns als ein Leben in unserem Leben. Er erfüllt uns mit seinem

Temperament und mit seiner Veranlagung. Er kommt in unsere Worte und in unseren Geist, in unsere Willens-, Lebens- und Schaffenskraft hinein und lebt in uns als eine göttliche, verborgene, aber starke Kraft und Macht.«[1]

Kapitel 1

Der Vater zieht uns zu sich

*»Trotzdem wartet der Herr sehnlich auf den Augenblick,
an dem er sich euch wieder zuwenden kann.
Er will seine Macht zeigen und sich über euch erbarmen,
denn er ist ein Gott, der dem Recht Geltung verschafft.
Wie glücklich sind alle, die ihre Hoffnung auf ihn setzen!«
(Jes 30,18)*

Der Regen kam in der Nacht und machte den Himmel wieder klar. Die Wolken und die Luftverschmutzung waren verschwunden. Der Morgen war frisch und voll neuem Leben; ein Symbol für die erneuernde Kraft Gottes. Schon beim Aufwachen spürte ich, wie der Heilige Geist mich drängte, an meinen gewohnten Platz zu gehen und mit ihm zu sprechen. Ich warf die Bettdecke zurück und ging den Flur hinab zu meinem Gebetssessel. Dabei staunte ich wieder einmal über das große Wunder, dass Gott so gern bereit ist, sich jedem zu erkennen zu geben, der offen für ihn ist. In den fünfundzwanzig Jahren, in denen ich täglich die Gemeinschaft mit Gott suche, hat sich eine besondere Liebesbeziehung und Freundschaft entwickelt, die mein Leben entscheidend verändert hat. Diese Beziehung ist so faszinierend und spannend, dass ich es an diesem Morgen gar nicht erwarten konnte, mich mit ihm auszutauschen. Ich spürte, dass mich ein wichtiges Gespräch unter vier Augen erwartete. Mein Herz antwortete bereits: »Rede, Herr. Deine Magd hört.«

Sobald ich an meinem Gebetsplatz war, setzte ich mich still aber erwartungsvoll auf meinen Sessel. Ich konzentrierte mich auf Gott und überließ es dem Heiligen Geist, in dieser Stunde zu tun, was er für richtig hielt. In den nächsten Minuten wurde ich so sehr von seiner Liebe ergriffen, dass ich die Zeit ganz vergaß. Ich hörte seine vertraute Stimme sagen: »Du bist nicht meine Magd. Du bist meine geliebte Tochter.«

Diese Aussage berührte eine Stelle in mir, die nur er berühren kann. Ich badete geradezu in seiner Liebe. Ich fühlte mich in diesem Augenblick so, wie sich die Erde gefühlt haben musste, als in der letzten Nacht der warme Regen auf sie fiel. Mit einer unbeschreiblich starken Intensität spürte ich seine Nähe. Mein Herz durchflutete eine so große Liebe, dass ich auf eine Weise gestärkt, getröstet und ermutigt wurde, die ich nicht in Worte fassen kann. In diesen scheinbar kurzen Minuten der Stille richtete unsere Freundschaft mich auf und gab mir wieder neue Kraft und Energie.

»Die Worte, die ich zu euch gesprochen habe, sind von diesem Geist erfüllt und bringen das Leben«, verspricht Jesus (Joh 6,63). Ist es nicht unbegreiflich, dass wir in der Zeit, die wir uns täglich für das Gespräch mit Gott nehmen, spürbar erfahren können, wie dieses Versprechen Wirklichkeit wird? Genau das hatte ich soeben in meiner Zeit mit dem Heiligen Geist erlebt. Er hatte mich in die Gegenwart Jesu geführt. Alles Schwere und Niederdrückende, das auf meinem Herzen gelastet hatte, war wie weggeblasen. Er hat mich durch seinen geliebten Sohn in Jesus Christus angenommen, wie Paulus es im Brief an die Epheser ausdrückt (Eph 1,4-6). Seine Worte an mich waren Geist und gleichzeitig so voll Leben. Diese persönliche Zusage machte mir noch tagelang Mut und ließ mich nicht los, obwohl ich weiterhin jeden Tag zu ihm kam. Es ist wichtig, täglich zu ihm zu kommen, wenn man einen solchen Segen erfahren will. Selbst jetzt noch ermutigt mich die Treue des Heiligen Geistes immer wieder aufs Neue, wenn ich an diese Worte denke. Seine Gegenwart, die in mir wohnt, spricht und handelt aus einer so unglaublichen, bedingungslosen Liebe heraus, dass sie in der Lage ist, zu erneuern und zu heilen. Keine Erfahrung ist wertvoller als die Gemeinschaft mit ihm!

Der Heilige Geist will und kann nicht nur mit mir sprechen, sondern auch mit jedem anderen Menschen! Der Schlüssel zu einer solchen Beziehung zu Gott liegt darin, sich Zeit zu nehmen, sich zu öffnen und erwartungsvoll zuzuhören. Er hat keine besonderen Lieblingskinder. Er sehnt sich nach einer engen, vertrauten Gemeinschaft mit jedem seiner Kinder. Wenn ein Mensch sein Vertrauen auf Gott setzt und den Heiligen Geist in sein Herz einlädt, geschieht das größte Wunder, das man sich überhaupt vorstellen kann: Er zieht in unser Herz ein. Obwohl wir zerbrochene, irdene Gefäße sind – so zerbrechlich, so verletzt und durch unser falsches Verhalten so kaputt –, will er unser Leben reich machen (2 Kor 4,7).

Der Ort, an dem der Heilige Geist in unserem Körper wohnt, ist nicht bekannt. Wir wissen nur, dass es einen Platz gibt, den Gott innerhalb dieses irdenen Gefäßes dafür geschaffen hat. Diesen Ort verlässt er nicht mehr, wenn er einmal darin eingezogen ist. Da zieht er ein und sehnt sich danach, uns so viel von seiner Gegenwart zu zeigen, wie wir ihm erlauben.

Er will, dass wir ein erfülltes Leben mit ihm führen. Was heißt das? Wir sollten uns zuerst vor Augen halten, was es bedeutet, auf menschlicher Ebene mit anderen ein erfülltes Leben zu führen. Ein erfülltes Leben mit anderen zu führen, bedeutet, dass wir nicht nur mit ihnen sprechen, sondern ihnen auch zuhören. Nur dann werden wir sie richtig verstehen und auf sie eingehen können. Im Laufe der Zeit wird dann unser Umgang miteinander auf allen Ebenen von gegenseitigem Vertrauen geprägt sein. Am wichtigsten dabei ist, dass wir von uns selbst wegschauen und erkennen, wie wertvoll das ist, was wir voneinander lernen können. Wenn so etwas unter Menschen möglich ist, warum sollte es dann nicht auch in unserer Beziehung zu unserem himmlischen Vater möglich sein?

Der Heilige Geist nimmt uns an der Hand und führt uns an diesen geheimen Ort in unserem Inneren, wenn wir jeden Tag das Gespräch mit Gott suchen. Der Heilige Geist ist unsere Brücke zur unsichtbaren Welt. Das Gebet und die Bibel öffnen die Tür zu seiner Wohnung in uns. Wir können also nicht nur von Zeit zu Zeit eintreten, sondern lernen, wirklich bei ihm zu bleiben, wie Jesus es versprochen hat (Joh 15).

Aber vielleicht fragen Sie jetzt: »Was soll das heißen, der

Heilige Geist sei in uns? Kann ich ihm wirklich auf irgendeine Weise so nahe kommen, dass wir uns miteinander unterhalten können? Will er, der Gott des Universums, wirklich eine enge Beziehung zu mir? Wie kann das sein?

Meine Persönlichkeit und mein eigener Wille sind so stark und so stolz. Kann ich wirklich lernen, ihm die Herrschaft über mein Leben zu übergeben? Wenn er irgendwo in mir ist, wie um alles in der Welt komme ich in Kontakt mit einem körperlosen, unsichtbaren Wesen, während ich selbst doch so sichtbar und körperlich bin? Wie soll ich so ruhig werden, dass ich ihn hören kann?

Was sagt die Bibel zu dieser ungewöhnlichen Beziehung? Wer ist der Heilige Geist, und was ist seine grundlegende Rolle im Leben eines Christen? Wenn er so wichtig ist, warum hören wir dann in der Gemeinde nicht mehr über ihn? Wie soll diese Beziehung aussehen? Was muss ich dazu tun, was trägt er dazu bei?

Wenn alles, was die Bibel sagt, stimmt – dass wir seine Gegenwart und seine Stimme kennen werden –, was läuft dann falsch? Was hindert ihn daran, so in mir zu leben, dass ich ihn wahrnehme und mein Leben in Harmonie mit ihm führe?

Auf diese wichtigen Fragen gibt es gewiss viele Antworten. Ich möchte hier nur drei ansprechen. Sie sind meiner Meinung nach die Hauptgründe dafür, dass wir uns so schwer vorstellen können, wie ein Leben mit dem Heiligen Geist in unserem Inneren aussehen kann.

1. *Wir kennen Gottes Wort nicht.* Wir gehen in die Irre und finden nicht den richtigen Weg, weil wir die Bibel nicht kennen, wie Jesus selbst so treffend feststellte (Mt 22,29; Mk 12,24.27). Gott sagt, dass die Israeliten immer in ihrem Herzen in die Irre gingen, weil sie sich weigerten, seiner Stimme oder seinem Wort zu gehorchen (Hebr 3,10; Ex 20,18-20). Unser größter Fehler ist, dass wir nicht einmal wissen, was die Bibel über den Heiligen Geist sagt, ganz zu schweigen davon, dass wir das befolgen, was Gottes Wort sagt.

Mein Mann ist Krankenhauspfarrer. Er besuchte einen Mann, dem sein Arzt gesagt hatte, dass er an Krebs leide und nur noch drei Monate zu leben habe. Plötzlich wurde ihm bewusst, dass er es mit seinem Gehorsam Gottes Wort gegenüber nie besonders ernst genommen hatte. Er wusste nicht einmal genau, was in der Bibel steht. Er sagte: »Ich begann, jedes Wort, das mir Gott beim Lesen in der Bibel und in Predigten sagte, in die Tat umzusetzen. Ich hatte nie wirklich nach den Geboten der Bibel gelebt und sie als das absolute Wort des allmächtigen Gottes anerkannt. Ich begann, das, was Gott in der Bibel sagt, zu glauben und mein Vertrauen darauf zu setzen. Ich baute mein ganzes Leben darauf auf.« Dieser Mann, dem die Ärzte sagten, dass er nur noch wenige Monate zu leben habe, erfreut sich heute, mehrere Jahre später, bester Gesundheit.

Wir sind so weit davon entfernt, Gottes heiliges Wort wirklich zu schätzen. Wir sind so weit davon entfernt, zu glauben, dass es das endgültige, verbindliche Wort Gottes ist. Wir geben dem Heiligen Geist nicht den Raum, in uns zu leben und durch uns so zu wirken, wie es das Wort Gottes beschreibt.

Den entscheidenden Weg, wie wir mit Jesus in unserem Inneren in Berührung kommen können, finden wir in den vielen Stellen im Alten und Neuen Testament, in denen davon die Rede ist, auf Gott zu warten, vor ihm ruhig zu werden und auf ihn zu hören. Dann werden wir seine geliebte göttliche Stimme durch den Heiligen Geist kennen lernen. Wenn wir ihm erlauben, in uns zu wirken und gegenwärtig zu sein, erlauben wir ihm, in uns lebendig zu sein.

Irgendwie haben wir in unserer hektischen und ruhelosen Welt, in einer Welt mit verzweifelten und dringenden Nöten, das, was die Bibel über Nächstenliebe und den Dienst an unseren Mitmenschen sagt, ernster genommen. Dienst an unseren Mitmenschen bedeutet, loszugehen und etwas zu tun. Sätze wie »Wißt ihr nicht, daß euer Leib ein Tempel des Heiligen Geistes ist, der in euch wohnt?« (1 Kor 6,19) überlesen wir beinahe. Wenn wir uns bewusst machen, dass er in uns ist, bedeutet das, still zu warten, bis er uns sagt, was wir tun sollen. Er ist eine Person und wartet darauf, eine Beziehung zu uns aufzubauen, eine einmalige Gemeinschaft mit uns zu haben. Wenn wir so sehr beschäftigt sind, dass wir es nicht schaffen, uns ruhig auf einen Stuhl zu setzen und auf das zu hören, was er uns sagen will, geschweige denn, es zu glauben und in die Tat umzusetzen, verhindern wir, dass sein Leben an die Oberfläche kommt (Gal 2,20).

Paulus sagte: »Christus mitten unter euch, gerade euch! Das bedeutet die sichere Hoffnung ...« (Kol 1,27). Jesus formulierte es so: »Denn schon jetzt, mitten unter euch, richtet Gott seine Herrschaft auf!« (Lk 17,21). Wenn wir Jesus in unser Herz bitten, kommt er, und der Heilige Geist gießt die Liebe Gottes aus. »Der Herr aber ... wirkt durch seinen Geist. Und wo der Geist des Herrn ist, da ist Freiheit« (2 Kor 3,17). Wir müssen uns immer stärker bewusst machen, dass er da ist, und immer mehr erkennen, was er alles ist. Wenn dies geschehen ist, wird der Mensch, der Jesus vertraut, eine immer größere Sensibilität für die Freundschaft mit Jesus bekommen, der durch den Heiligen Geist offenbart wird. Er ist immer offen für uns. Wir können jederzeit zu ihm kommen, und er sehnt sich ständig danach, uns zu führen, uns zu unterweisen und uns zu helfen. Er will uns zeigen, wie wir von ihm alles bekommen können, was wir brauchen. Er ist unser Erlöser und unser Freund!

Noch ein weiterer wichtiger Punkt muss hier erwähnt werden. Die Bibel lehrt etwas Erstaunliches über die Gegenwart Gottes in uns. Jesus drückte es so aus: »Wer mich liebt, wird sich nach meinen Worten richten; dann wird ihn mein Vater lieben, und *wir* werden zu ihm kommen und bei ihm wohnen« (Joh 14,23; Hervorhebung durch die Verfasserin). Uns wird nicht nur eine Beziehung zu dem Heiligen Geist, sondern auch zu Jesus und zum Vater versprochen. Das ist vollkommen unvorstellbar, aber Jesus spricht hier eindeutig von dieser Beziehung. Ich habe gelernt, diesen Vers zu glauben. Ich weiß nicht, was Sie glauben, aber angesichts meiner vielen wertvollen Erfahrungen der letzten Jahre möchte ich Ihnen sagen: Jesus hat mir den Vater auf eine völlig neue Weise offenbart. Dafür bin ich ihm von Herzen dankbar, und dafür lobe ich ihn. Jesus sagte zu Philippus: »Wer mich gesehen hat, hat den Vater gesehen« (Joh 14,9).

Wir laden Jesus durch das Wirken des Heiligen Geistes in unser Herz ein. Der Heilige Geist gibt uns eine neue Vollmacht. Er gibt uns Kraft, Jesu Liebesgebot, dass wir lieben sollen, wie er uns geliebt hat, zu befolgen. Dann zieht der Vater in unser Herz ein! Ich bin fest davon überzeugt, dass wir auch schon hier auf Erden dem dreieinigen Gott immer näher kommen können.

2. *Wir wissen nicht, wie wir mit dem Heiligen Geist sprechen sollen.* Mit wenigen Ausnahmen wurde es bislang in der weltweiten Gemeinde und Kirche versäumt, die Christen zu lehren, wie sie mit dem Heiligen Geist, der in uns wohnen will, sprechen und eine Beziehung zu ihm aufbauen können. Wir laden Menschen ein, ihn aufzunehmen, wir fordern sie auf, ein neues Leben mit Gott zu beginnen. Aber wir versäumen es oft, ihnen zu zeigen, wie sie diese Beziehung aufbauen und vertiefen können. Wir zeigen ihnen nicht, wie sie grundlegende Regeln, die im Bereich von menschlichen Beziehungen gelten, auf die Beziehung zu ihm anwenden können. Mir ist bewusst, dass jeder von uns Schwierigkeiten hat, gute Beziehungen aufzubauen. Diese Schwierigkeiten haben ihre Ursache in dem Fehlverhalten anderer gegen uns und in unserem eigenen Fehlverhalten anderen gegenüber. Dadurch entstehen Barrieren in der Kommunikation. Selbst wenn man uns gelehrt hat, Jesus als Herrn anzunehmen und dem Heiligen Geist mehr Kontrolle über unser Leben zuzugestehen, haben wir manchmal immer noch Probleme, ihn den sein zu lassen, der er ist. Wir haben oft keine Vorbilder, die uns zeigen würden, wie wir seinem Leben in uns Raum geben können.

Vor einiger Zeit sprach ich in einer Gemeinde, die ein schönes gotisches Kirchengebäude besaß – eine Gemeinde mit unübersehbarem materiellen Reichtum, aber mit einer großen geistlichen Not. In der Mittagspause kam ein Mann auf mich zu. Meine Aussage, dass sich Gott nach einer engen Beziehung zu uns sehnt und dass wir mit der Hilfe und Kraft des Heiligen Geistes diese Freundschaft aufbauen können, wenn wir uns Zeit nehmen, um in der Bibel zu lesen und zu beten, hatte ihn zutiefst beleidigt.

»Ich weiß nicht, für wen Sie sich halten, aber ich sage Ihnen mal, wer ich bin«, begann er. »Ich bin schon mein ganzes Leben lang in dieser Gemeinde. Meine Familie hat diese Gemeinde mit aufgebaut, und ich habe noch nie in meinem Leben einen solchen Unsinn gehört wie heute. Mir geht der Hut hoch, wenn Sie sagen, es gäbe Dinge, die ich in meiner Beziehung zu Gott versäumt habe. Ich weigere mich, noch länger hier zu bleiben und mir diesen Unsinn anzuhören. Ich finde das einfach unmöglich!«

Mich erfüllte ein solches Mitgefühl mit diesem Menschen, und ich war so erschrocken über seine Reaktion, dass ich mich erst einmal hinsetzen musste. Ich war dankbar für die Kirchenbank, die hinter mir stand.

»Es tut mir furchtbar Leid, dass das alles so neu in Ihren Ohren klingt«, sagte ich. »Aber Gott will wirklich Ihr bester Freund sein. Wollen Sie sich nicht zu mir setzen? Dann könnten wir vielleicht darüber beten.«

»Ich bin zu wütend, um zu beten. Und ich habe es nicht nötig, noch länger mit Ihnen darüber zu sprechen!« Damit hatte er sich umgedreht und war verschwunden.

Leider ist es nichts Ungewöhnliches, dass in den Gemeinden heute so wenig oder überhaupt nicht darüber gesprochen wird, wie man eine gute und enge Beziehung zu Gott aufbaut. Darf ich erwähnen, dass nicht nur für diesen Mann, sondern auch für andere wie ihn viel gebetet wird?

3. *Wir haben gern die Kontrolle in der Hand.* Wir neigen dazu, fast ausschließlich aus unserer menschlichen, auf uns selbst konzentrierten Kraft heraus zu handeln. Unser starker Eigensinn und unsere Voreingenommenheit, unser Stolz und unsere Selbstgenügsamkeit bestimmen unser Leben, statt dass wir dem Heiligen Geist erlauben, auf seine Art und in seiner Kraft das zu tun, was er will (Sach 4,6). Wir sind so voll von uns selbst, wir sind es so gewohnt, alles selbst in unserer eigenen, natürlichen, menschlichen Kraft statt in seiner Auferstehungskraft zu tun, dass wir nicht wissen, wie wir die Kontrolle abgeben können. Es gibt so vieles, das wir verlernen müssen! Unsere tägliche Gebetszeit ist eine Zeit, in der wir unser Fehlverhalten bereuen, in der wir loslassen, in der wir freiwillig machtlos und hilflos werden, damit er anfangen kann, die Kontrolle zu übernehmen.

Eine Frau aus unserer Gebetsgruppe saß an ihrem Küchentisch und dachte über das Wort Gottes nach, als plötzlich ein hübsches Rotkehlchen gegen die Fensterscheibe flog. Es hatte die Glasscheibe nicht gesehen. Zu ihrem Erstaunen raste der Vogel mehrere Male gegen das Fenster. Der Heilige Geist flüsterte in ihr

Herz: »Du bist genauso wie dieses Rotkehlchen; du mühst dich in deiner eigenen Kraft ab, statt dich meiner Kraft unterzuordnen. Lehne dich zurück und ruh dich in mir aus. Unterwirf dich meiner Autorität und erlaube mir, das, was getan werden muss, aus meiner und nicht aus deiner Kraft heraus zu tun. Dann wirst du in mir und nicht in deinem Fleisch wandeln.«

A. W. Tozer fasst in seinem Buch *The Pursuit of God* diese Wahrheit zusammen: »Die Gemeinde wartet auf die zarte Stimme des Heiligen, der hinter den Vorhang getreten ist und mit seinem inneren Auge das Wunder geschaut hat, das Gott ist. Aber hinter den Vorhang zu treten, in die Gegenwart des Allerheiligsten vorzudringen und seine Nähe spürbar zu erleben, ist ein Privileg, das jedes Kind Gottes in Anspruch nehmen darf.

Warum geben wir uns damit zufrieden, alle unsere Tage außerhalb des Allerheiligsten zu bleiben und nie einzutreten und Gott anzusehen? Wir versäumen es, näher zu kommen. Darüber vergehen die Jahre, und wir werden in den Vorhöfen des Heiligtums alt und müde. Was hält uns zurück?

Uns hält ein Vorhang in unserem eigenen Herzen zurück. Es ist der Vorhang unserer fleischlichen, gefallenen Natur, die weiterlebt, ohne gekreuzigt und geläutert worden zu sein oder von ihrem falschen Weg umzukehren. Es ist der eng gewebte Vorhang unseres eigenen Lebens, den wir nie wirklich als solchen erkannt haben, dessen wir uns heimlich schämen und den wir aus diesen Gründen nie unter das Gericht des Kreuzes gebracht haben. Dieser Vorhang ist nicht geheimnisvoll, er ist nicht schwer zu erkennen. Wir brauchen nur in unser eigenes Herz zu schauen, dann sehen wir ihn. Er mag genäht und geflickt und ausgebessert sein, aber trotzdem ist er da. Er ist ein Feind unseres Lebens und eine wirkungsvolle Blockade für unser geistliches Wachstum.

Er ist aus den dünnen Fäden unserer Ichsucht und der Sünde des menschlichen Geistes gewebt. Diese Fäden sind nicht etwas, das wir tun, sondern etwas, das wir sind. Genau darin liegt sowohl ihre Unscheinbarkeit als auch ihre Macht.«[2]

Sie und ich, wir wissen beide, dass nichts anderes die fehlerhafte, gefallene Natur unseres Egoismus, unseres Kreisens um uns selbst und unseres Eigensinns durchdringen kann als der

Blick auf Jesus, unseren wunderbaren Herrn, wenn wir ihm Gelegenheit geben, sich uns zu offenbaren und uns Tag für Tag zu reinigen. Je mehr wir ihn sehen, je mehr wir ihn lieben und je mehr wir so werden wollen wie er, um so mehr vergessen wir uns selbst.

Erlauben Sie dem Heiligen Geist, der in Ihnen wohnt, immer mehr die Herrschaft über Ihr inneres Leben zu übernehmen. Bitten Sie ihn, Ihre Zeit mit ihm immer mehr in die Hand zu nehmen. Machen Sie diese Minuten zu einer Zeit des gegenseitigen Austausches, in der er zu Ihnen spricht und in der Sie antworten und mit ihm sprechen. Klappen Sie jetzt dieses Buch zu und nehmen Sie sich fünf Minuten Zeit. Setzen Sie sich ruhig hin. Dann sagen Sie: »Heiliger Geist, ich möchte dich gern realer erfahren. Ich brauche dich so sehr. Komm und hilf mir. Ich vertraue darauf, dass du das tun willst und tun wirst.«

Kapitel 2

Die Hilfe Gottes gilt auch Ihnen

»Egal, wie tief unsere Not ist –
Gottes Liebe ist immer noch tiefer.«
Corrie ten Boom, »Die Zuflucht«

Mama war in Erinnerungen versunken, als wir beide uns eines Abends in der kleinen Kammer im hinteren Teil ihres Hauses unterhielten. Es war ein gemütliches Zimmer. Schon beim Eintreten merkte man, dass es ein Ort des Gebets war. Auf dem kleinen Tisch neben ihrem Stuhl lagen immer ihre abgegriffene Bibel und andere Bücher, die sie über Gott las. Wir saßen kaum und fingen an, uns zu unterhalten, als ich richtig fühlen konnte, wie viele Stunden sie hier für ihre Kinder und für viele andere Menschen betete. Das Zimmer war nur schwach erhellt, aber aus meiner Mutter leuchtete das strahlende Licht des Heiligen Geistes heraus, wie ich es oft erlebte, wenn wir sie besuchten.

Seit dem Tod meines Vaters hielten wir uns immer den Donnerstagabend für Mama frei. Mein Mann und ich hatten uns angewöhnt, sie an diesem Abend zum Essen in ein Restaurant einzuladen und uns nachher zu Hause noch mit ihr zu unterhalten. Je älter sie wurde, umso mehr sprach sie über ihre Jugendzeit im Mittleren Westen der USA und über ihre große Sehnsucht nach Gott. Sie hatte diese Sehnsucht schon als Kind gespürt, obwohl das Leben in ihrem Elternhaus oft sehr schwer gewesen war.

Dieser Abend bildete keine Ausnahme. Mein Mann ist Krankenhausseelsorger und musste an diesem Abend arbeiten. Also machten Mama und ich es uns zu zweit gemütlich, um uns wie jede Woche nach dem Essen noch ein wenig zu unterhalten.

Mama erzählte mir, dass ihr lange nicht bewusst gewesen sei, wie viel Wut und Abneigung sie gegen ihren Vater in ihrem Herzen vergraben und als schwere Last mit sich herumgeschleppt hatte. Er hatte sie als Kind körperlich missbraucht. Sie merkte, dass diese Bitterkeit sich negativ auf ihren Körper und ihren Geist auswirkte. Gott hatte ihr gezeigt, dass sie aufhören musste, ihren Vater zu verurteilen.

»Ich konnte in meiner täglichen Gebetszeit tun, was ich wollte«, berichtete sie. »Immer wieder zeigte Gott mir das Gift der Bitterkeit, das mein Leben zu zerstören drohte. Es war niederschmetternd.

Der Heilige Geist sagte zu mir: ›Lass dir von mir helfen. Ich habe genug Liebe und Kraft. Ich kann dir helfen, deinen Wunden ins Gesicht zu schauen. Ich kann dich davon befreien und heilen.‹ Diese Worte gaben mir neuen Mut und ließen mich nicht mehr los.

Neue Einsichten taten sich mir auf, als ich mit seiner Hilfe betete und in der Bibel las. Der Heilige Geist half mir, ihm mein Herz zu öffnen, und machte mich bereit, mir von ihm helfen zu lassen. Allein die Tatsache, dass ich jetzt überhaupt in der Lage war, diesem Schmerz ins Auge zu sehen war nur möglich, weil er über einen langen Zeitraum an mir gewirkt hatte! Ich wollte gern wie Jesus am Kreuz sein, der gesagt hatte: ›Vater, vergib ihnen! Sie wissen nicht, was sie tun.‹ Aber ich hatte zu viel durchgemacht.«

Sie hatte viele Jahre mit diesen Verletzungen und mit den Erinnerungen an den Missbrauch gerungen, der tiefe, schmerzliche Spuren in ihrem Leben hinterlassen hatte, erzählte mir Mama. Aber schließlich griff der Heilige Geist ein und nahm sie liebevoll an der Hand.

»Eines Tages betete ich und schüttete meinen ganzen Schmerz und die Verletzungen aus meiner Kindheit vor ihm aus. Mein liebevoller Herr begann, mit einer großen Liebe zu Gott, dem Vater, in mein Herz einzuziehen. Ich glaubte, das Herz würde mir bei so einer tiefen und großen Liebe buchstäblich zerspringen. Inmitten der reinigenden Kraft dieser Liebe zu Gott sprach der Heilige Geist in meinem Geist: ›Hast du so viel Liebe zu Gott, dass du davon auch einen Teil für deinen Vater übrig hast? Steckt in dieser göttlichen Liebe genug Gnade und Barmherzigkeit, dass auch er etwas davon empfangen kann?‹

›Herr, du weißt, dass meine menschliche Liebe so schwach und klein ist, dass ich nichts davon für ihn abgeben will. Ich bin nicht sicher, ob genug Liebe für uns beide da ist.‹

›Mein geliebtes, kostbares Kind‹, sagte Jesus. ›Steige aus den seichten, schlammigen Gewässern deiner menschlicher Liebe heraus und tauche in den reinigenden Fluss meiner Liebe zu dir und zu deinem Vater ein. Ich habe genug Liebe für euch beide und noch viel mehr!‹

Meine Kehle war wie zugeschnürt«, erzählte Mama. »Ich zog mich ängstlich zurück, aber irgendetwas sagte zu mir: ›Jetzt oder nie.‹ Ich nahm meinen ganzen Mut zusammen und sprang in diesen reinen, heiligen Fluss von Gottes Liebe. Ich kehrte meinen bisherigen Gefühlen bewusst den Rücken und weinte laut: ›Ich höre jetzt auf, meinen Vater zu verurteilen, und ich sperre mich jetzt nicht mehr dagegen, ihm zu vergeben, Jesus. Ich empfange deine bedingungslose Liebe und ich vergebe ihm jetzt durch die Macht des Blutes Jesu. Reinige mich und erfülle mich mit deiner Liebe. Ich kann diesen Schmerz nicht länger ertragen!‹«

Tränen rollten meiner Mutter und mir über die Wangen. Wir fühlten beide ganz stark, dass der Geist Jesu hier bei uns im Raum war. Mama schwieg einen Augenblick. Schließlich fuhr sie fort: »Dann spürte ich plötzlich, wie eine große Freiheit und Freude in mir aufkeimten. Es war, als wäre eine Lawine von Gottes Macht losgelöst worden. Diese Macht musste die Auferstehungskraft sein, die Paulus im achten Kapitel des Römerbriefes beschreibt. Ich war aus meinem Grab der Unversöhnlichkeit und Verurteilung herausgeholt worden, das mich beinahe unter sich begraben und meinen Körper zerstört hätte. Alte feindselige Gefühle und Verletzungen wurden durch Jesu Liebe und Mitgefühl fortgewischt. Ich weinte und sang gleichzeitig Loblieder. Ich war aus einer großen Dunkelheit und von einem großen Schmerz befreit worden, die mich wie in ein Gefängnis eingesperrt hatten. Ich fühlte nichts anderes als Gottes Frieden und seine Freude und konnte auf einmal meinen Vater als ein geliebtes Kind Gottes sehen. Er war verwundet und verletzt, aber jetzt war er freigelassen worden, so dass auch er geheilt werden konnte. Durch meine Entscheidung, ihn nicht länger zu verurteilen, hielt ich ihn nicht länger in einem Schraubstock meiner mangelnden Vergebungsbereitschaft gefangen. Ich war frei, und auch mein Vater war frei. Das wusste ich in meinem Herzen.« An dem Punkt, an dem sie sich nicht länger weigerte, ihrem Vater zu vergeben, hatte Gott die Gefängnistür der Bitterkeit aufgesperrt. Mama wusste, dass sie und ihr Vater jetzt frei waren. Der Heilige Geist hatte ihr das klargemacht.

Eine Woche später erhielt Mama einen Brief von ihrem Vater. Er schrieb ihr, dass er im Sterben liege, und bat sie um Vergebung für all die Schmerzen, die er ihr zugefügt hatte. Seit Jahren hatte sie nichts mehr von ihm gehört. Welch eine herrliche Reaktion auf ihr Gebet! Mir kamen die Worte des Propheten Jesaja in den Sinn: »Noch ehe sie zu mir um Hilfe rufen, habe ich ihnen schon geholfen. Bevor sie ihre Bitte ausgesprochen haben, habe ich sie schon erfüllt« (Jes 65,24).

Ist es nicht herrlich, wenn wir der Liebe Gottes erlauben, in uns zu wirken und uns rein zu waschen, und die anderen Menschen loslassen, damit auch sie anfangen können, auf Jesus zu hören! In einer »vom Gebet durchtränkten« Situation bekommt Gott eine größere Freiheit, einzugreifen und allen Beteiligten zu helfen. »Vom Gebet durchtränkt« ist eine Formulierung, die ich vor Jahren einmal aus dem Mund von Pfarrer Tommy Tyson gehört habe. Im Laufe der Jahre hat mir dieses Bild geholfen zu begreifen, wie viel das Gebet in einer Situation bewirken kann. Wenn eine Beziehung nicht vom Gebet durchtränkt ist, kann es vorkommen, dass zwar der Mensch, der vergeben hat, frei wird, aber der andere nicht. Haben Sie Ihre Situation so stark vom Gebet durchtränkt, dass Gott wirklich tun darf, was er will? Das, was er tun will, ist immer viel weitreichender, als wir uns mit unserem begrenzten Blickfeld vorstellen können.

Meine Mutter betonte noch einmal, dass ihre eindrückliche Erfahrung eine Folge ihres täglichen engen Kontakts zu Gott gewesen war. Jakobus drückte es so aus: »Nähert euch Gott, und er wird sich euch nähern« (Jak 4,8). Wichtig ist, dass wir immer wieder seine Nähe suchen. Er wird kommen und uns helfen, wenn wir ihm erlauben, unser Herz mit seiner Liebe zu erfüllen.

An diesem Abend erzählte meine Mutter das erste Mal ganz ausführlich davon, wie sie nach so vielen Jahren der Vergebungslosigkeit von dieser Unversöhnlichkeit befreit worden war. Ich konnte mich gut an die Zeit erinnern, in der das geschah. Mir war damals eine neue Freiheit und eine neue Kraft in ihrem Leben, ein neuer Glaube und ein neues Vertrauen zu Jesus bei ihr aufgefallen. Als sie von ihrer Bitterkeit und Abneigung befreit worden war, führte der Heilige Geist sie zu anderen Menschen, die Probleme hatten. In ihrer neuen Sensibilität für den Heiligen Geist wurde sie wie ein Kanal, durch den der Heilige Geist, der in ihr lebte, wirken konnte.

Ein Mensch, dessen Vertrauen in der Kindheit so stark erschüttert worden war, konnte nur durch das Wirken des Heiligen Geistes ein neuer Mensch werden, der Gott so vollständig vertrauen konnte. Er kann bei jedem von uns so stark wirken, wenn wir bereit sind, im Einklang mit seinem Wesen und seinem Wort zu leben.

Der Glaube meiner Mutter wuchs so sehr, dass sie, wenn sie betete, aus tiefstem Herzen darauf vertraute, dass Gott in jeder Situation nur das Allerbeste tun würde. Dieses Vertrauen wuchs nicht über Nacht, sondern langsam, kontinuierlich, Tag für Tag, Woche für Woche, Jahr für Jahr, je mehr sie in der Bibel las und anfing, seine Liebesgebote in ihrem Leben zu befolgen. Mein Bruder, meine Schwester und ich erlebten, wie sie zu einer sensiblen, mitfühlenden Frau heranwuchs und heranreifte, die ihr Leben auf Gott ausgerichtet hatte.

Wir alle sind durch Fehlverhalten und Schuld verletzt und verwundet worden; entweder durch unser eigenes Fehlverhalten anderen und uns selbst gegenüber oder durch deren Fehlverhalten uns gegenüber. Jesus kann und will jeden vollständig retten (Hebr 7,25), wenn wir seine Bedingungen, seine Art, Dinge zu tun, respektieren und uns ihnen unterordnen.

Seine Bedingungen sind seine Gebote oder Gesetze, und wir müssen sie befolgen. Eine tägliche Zeit des Gebets gibt dem Heiligen Geist in unserem Geist Raum. Er kann anfangen, die Liebe

Gottes über uns und in uns auszugießen. Dieses Ausgießen macht uns fähig, seine Liebesgebote zu befolgen.

Mir ist vollkommen klar, dass es sehr schwere Verletzungen und schmerzhafte Verwundungen gibt. Einige gehen so tief, dass sehr viel Gebet, sowohl mit anderen als auch allein, nötig ist, damit sie heilen können. Aber ich möchte jedem, der dieses Buch liest, sagen: Egal, wie schmerzhaft Ihre Vergangenheit ist, wie groß die Wunden und Verletzungen sein mögen, die Sie mit sich herumtragen, es gibt auch für Sie eine Zeit und einen Ort, an dem Sie, so gut Sie können, in Gottes Gegenwart kommen und ihm Ihre Situation übergeben können. Er stellt keine unmöglichen Forderungen. Er hat Verständnis für Sie. Er sehnt sich danach, dass Sie zu ihm kommen. Warten Sie nicht auf eine günstigere Zeit oder bessere Umstände. Jetzt ist der beste Zeitpunkt.

Warten Sie nicht untätig darauf, dass Gott eingreift, sondern lesen Sie in der Bibel, lassen Sie nicht locker, suchen Sie einen Seelsorger auf, wenn Sie merken, dass Sie einen Menschen brauchen, der Ihnen dabei hilft, und schließen Sie sich einem Gebetskreis an. Sie werden Hilfe und Befreiung erfahren! Das kann ein lebenslanger Weg sein. Aber der Weg mit Gott wird immer spannend sein, weil Gott in und durch uns wirkt, je mehr wir uns ihm unterordnen. Die Voraussetzung für alles, was wir im Leben erreichen, ist Zeit mit Gott. Den Menschen, die ihn täglich suchen und ernsthaft beten, begegnet er in Situationen, die ihr Leben verändern. Aber das Gebet spielt dabei eine äußerst wichtige Rolle.

Ich möchte es noch einmal wiederholen: Wenn meine Mutter von den Folgen des Missbrauchs und der Gewalt befreit werden und erleben konnte, wie sehr Jesus ihre psychischen und emotionalen Blockaden heilte, dann können Sie das auch erleben!

Bevor ich zum nächsten Punkt komme, möchte ich noch eine andere Geschichte aus dem Gebetsleben meiner Mutter erzählen. Vier Tage vor ihrem Tod war ich bei ihr. Es war Donnerstagabend. Ein paar Stunden zuvor war noch meine Schwester da gewesen und hatte sich um sie gekümmert. »Margaret, bitte bete für mich und mit mir gemeinsam, dass ich bald befreit werde und zu Jesus heimgehen kann, wie er es uns verheißen hat«, bat meine Mutter mich. Sie baute auf das Versprechen, das Jesus uns gegeben hat:

»Wenn zwei von euch auf der Erde gemeinsam um irgend etwas bitten, wird es ihnen von meinem Vater im Himmel gegeben werden« (Mt 18,19). Wir hatten im Laufe der Jahre erstaunliche Gebetserhörungen erlebt, wenn Mama mit jemandem gemeinsam im Gebet ein Problem vor Gott brachte.

Ich rang sehr mit mir, denn ich war in einem Zwiespalt: Einerseits liebte ich sie von ganzem Herzen und wollte nicht, dass sie starb, andererseits wusste ich, dass es an der Zeit war, sie loszulassen. Schließlich ergriff ich ihre Hände und bat den Heiligen Geist, mir zu helfen, ihm nicht im Weg zu stehen. Dann ließ ich ihn durch mich beten.

»Lieber Herr, kostbarer Jesus, Mama möchte heimgehen. Wir können und wollen sie nicht zurückhalten. Wir lassen sie los in deine liebevollen Hände. Wir vertrauen dir voll und ganz, und wir geben sie in deine Fürsorge. Komm, kostbarer Heiliger Geist. Wir beten im Glauben und vertrauen darauf, dass du bald kommen und sie zu dir holen wirst. Danke, Jesus; danke, Vater; danke, Heiliger Geist.« Wir wussten beide, dass Gott die Sache in die Hand nehmen würde. Ich deckte sie noch einmal liebevoll zu und verließ das Haus mit einem großen Frieden im Herzen.

Einige Tage vergingen. Am Montagmorgen rief ich Mama an, um ihr zu sagen, dass ich am Abend kommen und sie versorgen würde.

Bevor ich auflegte, fragte sie: »Vertraust du darauf, dass er bald kommen und mich holen wird?«

»Ja, Mama, das tue ich.«

»Gut, denn es wird nicht mehr lang dauern. Ruf mich an, bevor du heute Abend kommst. Es kann sein, dass ich dich nicht mehr brauche«, antwortete sie.

Sie brauchte mich nicht mehr. Gott holte sie noch an diesem Tag heim.

Wieder einmal hatte mich meine Mutter auf eine große geistliche Wahrheit, die sie über das Gebet entdeckt hatte, aufmerksam gemacht: Echtes Beten besteht nicht aus den Worten, die wir sagen, sondern aus der Glaubenshaltung in unserem Herzen, wenn das hörbare Gebet längst ausgesprochen ist. Sie hatte immer gesagt: »Wenn wir Amen sagen, beginnt das eigentliche

Gebet erst!« Das »eigentliche Gebet« ist das, was ich glaube, was Gott in dieser Frage tun wird, und ob ich wirklich darauf vertraue, dass er meine Bitte erhört. Mama hatte großen Glauben, weil sie erlebt hatte, wie er viele wunderbare Dinge getan hatte, wenn sie ihm vertraute.

Falls Mamas Erfahrung Sie noch nicht davon überzeugt hat, dass Gott Ihnen helfen kann, egal, wie Ihre Vergangenheit auch aussieht, möchte ich Ihnen noch eine Geschichte von einer Frau aus unserer Gebetsgruppe erzählen, die Heilung erfahren hat.

Ann ist heute ein fröhliches Kind Gottes und eine begeisterte Nachfolgerin Jesu. Sie ist eine Frau, deren Gebete uns alle, die mit ihr jede Woche in der Gebetsgruppe zusammen sind, ermutigen und unseren Blick auf Jesus lenken. Sie hat einen schmerzlichen und beschwerlichen Weg mit einer psychischen Erkrankung hinter sich, aber persönliche und gemeinsame Gebete, viele Stunden der Seelsorge, Medikamente, ihr eigener Glaube und der Glaube vieler anderer haben dazu beigetragen, dass sie heute Gottes Liebe und Freude ausstrahlt und mit seiner Hilfe ihre Schwierigkeiten meistert.

Es gab eine Zeit in Anns Leben, in der ihre manische Depression solche Ausmaße angenommen hatte, dass sie in die geschlossene Psychiatrie eingewiesen werden musste und dort ein Einzelzimmer bekam. Drei Tage und drei Nächte lang redete sie ununterbrochen. »Ich konnte durch ein kleines Fenster meines Zimmers auf den Gang hinaus schauen«, erzählte sie mir. »Krankenschwestern gingen vorbei. Ich hatte solche Angst davor, an das Bett gebunden zu werden, dass ich zu Gott dem Vater, dem Sohn und dem Heiligen Geist schrie, bis die Schwestern mich schreien hörten und hereinkamen und mir helfen wollten. Mein Mann hat dieses Bild bis heute nicht vergessen. Es schmerzte ihn zutiefst, neben meinem Bett stehen und mit ansehen zu müssen, wie ich in dieser Verfassung festgebunden wurde.

Eines Tages führten mich die Krankenschwestern in den Speisesaal. Ich kann mich nicht mehr daran erinnern, aber die Schwestern sagten, dass ich auf dem Rückweg zu meinem Einzelzimmer meine Arme und Beine so in den Türrahmen gestemmt habe, dass sie große Mühe hatten, mich ins Zimmer zu bringen.

Das zeigt, wie sehr ich mich dagegen wehrte, allein und isoliert zu sein.

Den größten Teil der drei Tage und Nächte quälten mich furchtbare Alpträume. In einem meiner Träume kamen mein Vater und andere, die mit psychischen Erkrankungen gestorben waren, mich besuchen. Sie sprachen mir Mut zu, anderen und auch mir selbst zuliebe durchzuhalten. Die Träume endeten mit der Stimme meiner geliebten Tante, die ›Ann, Ann‹ rief. Sie lebt heute noch und unterstützt mich mit ihrer Liebe und mit ihren Gebeten.

Mit neun Jahren hatte ich mich entschieden, Jesus nachzufolgen. Als ich die geschlossene Anstalt verließ, erkannte ich, dass viele Erfahrungen in meinem Leben mich veranlasst hatten, vor Jesus auf die Knie zu gehen. Doch dieser Traum veränderte mein Leben. Er war der Wendepunkt zurück zu einer ganzheitlichen Gesundheit.

Heute, siebzehn Jahre später, bin ich gesund und glücklich. Ich lebe jeden Tag in der Liebe, Freude und im Frieden Gottes. Ich führe ein Leben, das diese psychische Krankheit besiegt hat. Ich lobe Gott für meine vollständige Heilung, die ich allein ihm verdanke.«

Ann war es schon immer wichtig, täglich zu beten, sich Zeit zu nehmen und auf Gott zu hören und über die Bibel nachzudenken. Sie versorgt kleine Kinder bei sich zu Hause und ist ein aktives und geliebtes Mitglied unserer Gebetsgruppe. Sie hat ein sehr starkes Gespür für Jesu Gegenwart. Diese Sensibilität ist durch ihre verzweifelte Notlage und viel Zeit mit Gott gewachsen. Ein engagierter christlicher Psychiater und viele betende Freunde halfen ihr, ganzheitlich gesund zu werden.

Am Ende dieses Kapitels möchte ich noch einmal betonen: Gott will und kann auch Ihnen helfen, wenn Sie bereit sind, sich von ihm helfen zu lassen. Aber Sie müssen zwei wichtige Prinzipien beachten, die sowohl in der Geschichte meiner Mutter als auch bei Ann sichtbar wurden.

Erstens: *Sie müssen bereit sein, Dinge so anzugehen, wie Gott es gern möchte.* Jeder, egal wie tief seine Verletzung oder psychische Krankheit sein mag, braucht die tröstende Gegenwart Jesu im Gebet. Es gibt kein schnelles Heilmittel, aber er wird Ihnen helfen, wenn Sie ihm erlauben, Sie auf dem Weg, den er für Sie vorbereitet hat, zu führen. Persönliches und gemeinsames Gebet, Medizin, die Unterstützung durch Familienangehörige und Freunde und die Unterstützung durch seine Gegenwart verhelfen Ihnen zu einer ganzheitlichen Heilung.

Zweitens: *Sie dürfen nicht aufhören, ihn zu suchen*. Wenn Sie bereit sind, sich von Gott helfen zu lassen, stehen Ihrer Heilung keine Hindernisse mehr im Weg.

Ein Mann, dessen Frau starb, bevor die Harmonie in ihrer Familie wiederhergestellt werden konnte, war wütend über ihren Tod. »Ich habe genug von Gott und vom Beten«, sagte er. »Ich habe das Gefühl, Gott will mir eins auswischen. Ich habe für unsere Familiensituation gebetet. Aber unsere Familie wurde nicht zusammengeführt. Mir reicht es jetzt; es hat einfach nicht funktioniert.«

Dieser Mann deutete die Situation nicht so, wie sie wirklich war, da es zu viele Probleme in seinem eigenen Leben gab. In seiner Familie kann immer noch Versöhnung geschehen, wenn Familienangehörige bereit werden, ihre Verantwortung zu übernehmen und sich von Gott helfen zu lassen. Sie haben versucht, Gott in eine Schublade zu pressen und ihn zu zwingen, so zu handeln und sich so zu verhalten, wie sie es erwarteten, aber er lässt sich von niemandem durch das Gebet etwas befehlen. Das Gebet ist nicht dafür gedacht, Gott oder andere Menschen zu zwingen, so zu funktionieren, wie wir es von ihnen erwarten. Vielmehr zeigt Gott uns im Gebet sein Wesen und seine Liebe, die uns verändern will und seinem Heiligen Geist Freiraum gibt, das Fühlen und Denken der Menschen zu verändern. Wenn wir beten, wird das Böse zurückgedrängt, und der Heilige Geist kann den Menschen, für die gebetet wird, helfen, die richtigen Entscheidungen zu treffen (Lk 11,1-13).

Wir müssen bereit sein, die Dinge so anzugehen, wie Gott es gern möchte.

Ein häufiges und verhängnisvolles Problem ist es meiner Meinung nach, wenn wir in unserem geistlichen Leben nachlässig werden. Viele Menschen geben auf und suchen an anderen Stellen Hilfe, von denen sie denken, sie könnten ihnen schneller helfen, wenn Gott nicht sofort ihren Wünschen entsprechend »funktioniert«. Es ist wichtig, unablässig zu beten. Dann werden wir manchmal entdecken, wie viel Gebet nötig ist, ehe wir Gottes Eingreifen sichtbar erleben können!

Vor einigen Jahren kam ein junger Mann in unsere Gebetsgruppe und wollte es ein Jahr lang mit dem Gebet »probieren«. Als dieses Probejahr vorbei war, erklärte er: »Ich habe diese Sache mit dem Beten jetzt ein Jahr lang versucht. Ich denke, ich werde mich nächstes Jahr darauf konzentrieren, mein Golfspiel zu verbessern. Ich werde also nicht mehr zu euch kommen.«

Dieser junge Mann war nicht in der Lage, die Größe seiner Not zu erkennen. Er setzte Gott eine Jahresfrist und konnte nicht erkennen, was und wie Gott schenkt. Sein Blick war zu begrenzt, um Gottes Handlungsweise zu begreifen, und er gab zu früh auf, um Gott wirklich lieben zu lernen. Er dachte: Wenn ich sozusagen mein Gebetskärtchen in diesen Automaten stecke, dann kommt die Erhörung meines Gebets sofort unten heraus. Aber er war so sehr auf sich selbst konzentriert, dass er Gott nicht erlauben konnte, Gott zu sein! Sich Gottes Gesetzen zu unterwerfen, fiel ihm zu schwer.

Gott zwingt niemanden. Aber er versucht immer, Menschen zu sich zu ziehen (Joh 6,44). Unsere Aufgabe dabei ist es, dass wir lernen müssen, ihn aufzunehmen und ihn wirken zu lassen. Darauf will ich in einem späteren Kapitel genauer eingehen.

Die herrliche gute Nachricht lautet: Niemand ist ein hoffnungsloser Fall. Gott kann und will jedem helfen. Er hat seine eigene Art, und wir erfahren, wie er handelt, und wir lernen seine Gründe für sein Handeln kennen, wenn wir uns täglich Zeit für ihn nehmen, warten, ihm zuhören und uns im Gebet seiner Autorität unterordnen. Statt zu sagen: »Herr, ich bin fertig mit dir«, sollten wir anfangen zu beten: »Herr, ich habe versucht, diese Sache nach meinem Denken auf meine Weise zu schaffen. Bitte öffne die Tür, dass der Heilige Geist mir deine Liebe und dein Mitgefühl zeigen kann und mir einen Blick dafür schenkt, auf welche Weise du mir in dieser Situation helfen willst.«

Legen Sie jetzt bitte dieses Buch beiseite und beten Sie: »Vater, ich komme so nahe zu dir, wie ich kann, und ich bitte den

Heiligen Geist, mir deine Weisheit und deine Einsicht in meine Situation zu geben. Was soll ich nach deinem Willen tun? Mit deiner Hilfe werde ich nicht locker lassen, bis ich eine Antwort habe, und ich werde mir weiterhin jeden Tag Zeit für dich nehmen und so leben, wie es dir gefällt. Hilf mir, Jesus.«

Kapitel 3

Seine Liebe sucht uns

»Gott zu lieben, heißt nicht, ihn noch länger zu suchen; sondern ihn aufzunehmen, denn er sucht uns schon lange.«
Starr Daily

Ich hatte einmal Gelegenheit, Starr Daily zu hören, einen früheren Schwerverbrecher. Bei dieser Veranstaltung erzählte er, wie er Jesus Christus das erste Mal begegnete. Starr ist inzwischen heimgegangen, aber ich werde nie vergessen, was er an jenem Abend erzählte. Er schilderte, wie Jesus in seinen Kerker aus Dunkelheit und Verzweiflung trat.[3]

Starr war in eine Zelle, in ein »Loch«, verbannt worden, in dem man Wiederholungstäter einsperrte in der Hoffnung, die Isolationshaft würde ihren Willen brechen. Voll Hass und Wut, ohne Reue wegen der begangenen Verbrechen, verbrachte er seine ersten Tage in der Einzelhaft damit, Rachepläne zu schmieden und zu überlegen, was er tun wollte, falls er jemals aus dem Gefängnis freikommen sollte.

Starr war schon einige Zeit eingesperrt, als ihm plötzlich bewusst wurde, dass außer ihm noch jemand in dem kleinen Raum war. Langsam wandte Jesus ihm das Gesicht zu. Starr erkannte ihn sofort. Die liebenden, durchdringenden Augen Christi, mitfühlend und rein, schauten ihm tief ins Herz.

»Mein Blick war wie gebannt«, sagte Starr. »Ich konnte gar nicht anders, als gebannt in diese Augen zu schauen. Aus diesen Augen sprach eine unvorstellbare Liebe zu mir. Ich war in dieser bedingungslosen Liebe gefangen.

Diese Liebe rollte wie eine reinigende Welle über mich hinweg und dann weiter zu jeder grausamen und schrecklichen Sache, die mir angetan worden war, und noch weiter zu jeder erbärmlichen, schrecklichen Sache, die ich selbst getan hatte, um andere Menschen zu verletzen. Während ich ihn immer noch anschaute, brach die harte Schale um mein Herz auf. Das Innerste meines Herzens war freigelegt, und ich erkannte, dass Jesus mich wirklich liebt! Ich war für ihn so kostbar und wertvoll, und er liebte mich so sehr, dass er für mich ans Kreuz nach Golgatha gegangen war.

Mein ganzes Herz und mein ganzes Denken warf sich ihm in die Arme. Ich kniete vor ihm nieder. Er liebte mich buchstäblich in seine Liebe hinein. Der Schmerz jeder Verletzung und jeder Wunde, die mir in meinem Leben zugefügt worden war, heilte, als Jesu Liebe mein ganzes Sein durchdrang und wie einen trockenen Schwamm sättigte. Ich war ganz, ich war geheilt, und ich fühlte mich zum ersten Mal in meinem Leben gut.

Er ließ mich nicht wieder allein. Er blieb bei mir in dem ›Loch‹. Dieses Loch wurde ein Ort für den allerhöchsten Gott«, schilderte Starr.

Als Starr schließlich aus der Einzelhaft entlassen wurde, war er ein veränderter Mensch. Gleichzeitig erkannte er jedoch, dass noch ein weiter Weg vor ihm lag, bevor er wie Jesus sein würde. Er hatte ein neues Leben begonnen, er war wiedergeboren und mit dem Geist der Liebe erfüllt, dem Heiligen Geist, den ihm Jesus zur Seite gestellt hatte. »Ich wusste, dass ich mich auf das größte Abenteuer meines ganzen Lebens einließ«, erzählte Starr. »Und genau das wurde es auch!«

Ein Teil dieses Abenteuers war es, dass Starr Daily lernen musste, Jesus die bestimmende Person in ihrer Beziehung sein zu lassen. Er musste lernen, seinen eigenen Willen Gott unterzuordnen und Jesus die Freiheit zu geben, dass er durch ihn leben konnte. Jesus lebte in Starr Daily! Sein Leben war ein Gefäß, durch das Jesus andere Menschen liebte.

Jesu Liebe geht uns nach, ganz egal, wohin unser Weg uns führt! Wenn jemand für uns betet, kann der Heilige Geist handeln. Jesus verspricht uns, dass er zu uns kommen wird: »So schlecht ihr auch seid, ihr wißt doch, was euren Kindern guttut, und gebt es ihnen. Wieviel mehr wird der Vater im Himmel denen den Heiligen Geist geben, die ihn darum bitten« (Lk 11,13).

Jahrelange intensive und aufopfernde Gebete von Starrs Eltern und seiner späteren Frau hatten dem Heiligen Geist Raum gegeben. Er konnte Starr dazu bewegen, von seinem falschen Weg umzukehren und seine Schuld zu bekennen. In der Gegenwart Jesu sah und erlebte er Gottes Liebe und eine vollständige Heilung.

Wir müssen nicht die gleichen Erfahrungen mit Gottes heiliger Liebe machen wie Starr Daily. Gott führt jeden in andere Situationen, denn jeder von uns ist einzigartig. Gott wusste, was Starr brauchte, um zu Gott zu finden: Erst als Starr völlig hilflos war und absolut nichts mehr selbst tun konnte, konnte Jesus Starrs Aufmerksamkeit auf sich lenken. Erst in dieser Situation war Starr bereit, Gottes Liebe zu erfahren. Erst danach konnte er ihn aufnehmen, von seinem falschen Weg umkehren, seine Schuld bekennen und davon befreit werden.

Was Gott dazu tut

Gott geht uns nach. Dabei sind drei Schritte zu beobachten:

1. *Er kommt mit seiner Liebe in unsere Herzen.* Einige Wahrheiten müssen wir am eigenen Leib erfahren haben, um sie glauben zu können. Erst wenn wir etwas selbst erfahren haben, wissen wir es auch. Gottes Liebe ist eine solche Wahrheit. Wir müssen sie persönlich erlebt haben, um zu wissen, dass sie wirklich uns gilt. Ob diese Erfahrung so dramatisch ist wie bei Starr Daily oder nicht, ist unwichtig. Was zählt ist, dass wir erleben, dass Gottes Gegenwart Wirklichkeit ist, wenn er zu Ihnen und zu mir in Beziehung tritt. Der Apostel Paulus sagte: »Seine [Gottes] Liebe ist ja in unsere Herzen ausgegossen durch den Heiligen Geist, den er uns geschenkt hat« (Röm 5,5). Wenn er kommt, dann kommt er, weil er bei uns bleiben möchte und uns nicht mehr verlassen oder im Stich lassen will (Hebr 13,5). Er kommt mit allem, was er ist. Und alles, was er ist, bleibt in unserem Geist. Der Heilige Geist ist die Liebe Gottes.

Wir können unser ganzes Leben lang von dieser erfüllenden, liebevollen Freundschaft lesen und sogar darüber nachdenken.

Aber erst, wenn der Heilige Geist in unser Herz einzieht und wir uns die Zeit nehmen, jeden Tag mit ihm zusammen zu sein, bauen wir eine Beziehung zu ihm auf und wissen aus eigener Erfahrung, dass seine Gegenwart aufregender und wunderbarer ist, als es irgendwelche Worte beschreiben können.

Es ist ein entscheidender Unterschied, ob man theoretisch über Gottes Liebe spricht oder ob man sie tatsächlich erlebt. Dieser Unterschied ist genauso offensichtlich wie der Unterschied, ob man einem Menschen, der am Verhungern ist, etwas vom Essen erzählt oder ob man ihm etwas gibt.

Wenn wir ein neues Leben mit Gott beginnen, zieht Jesus in unseren Geist ein und vergibt uns unsere Schuld. Wir werden in die Familie Gottes aufgenommen. Gott zieht mit heiliger, bedingungsloser, ewiger Liebe in unser Herz ein. Wir können das ganze Ausmaß seiner Liebe nie ganz erfassen. Wie der Vater versprochen hat, zieht der Heilige Geist in unser fehlerhaftes, schwaches menschliches Leben ein (Apg 1,4-5.8). Die weitreichenden Konsequenzen dieses Geschehens erkennen wir nach und nach, je mehr wir lernen, mit ihm zu leben und ihn in uns leben lassen.

Das Erlebnis, als wir ein neues Leben begannen, mag noch so unvergesslich oder großartig gewesen sein, und der Augenblick, als wir mit dem Heiligen Geist erfüllt wurden, mag noch so fantastisch gewesen sein, aber diese Erfahrungen sind erst der Anfang und bei weitem nicht der Höhepunkt dieser Freundschaft. Diese Freundschaft führt zu einer Gemeinschaft, die keine Grenzen kennt, wenn wir dem Heiligen Geist seinen rechtmäßigen Platz überlassen und ihm die Oberhand über unser Leben mit ihm geben. Wir müssen lernen, uns ihm immer wieder unterzuordnen, so wie wir es am Anfang unseres neuen Lebens taten. Das ist eine der Herausforderungen unserer Zeit, die wir mit ihm verbringen (Kol 2,6-10).

Gott hat dem Heiligen Geist eine riesengroße Aufgabe übertragen: Er muss mit uns einüben, wie wir immer mehr mit ihm zusammenarbeiten. Ohne dieses Engagement lernen wir nicht, mit ihm vorwärts zu gehen und auf seine Liebe und seine Gnade zu reagieren. Wir können seine Gnade auch enttäuschen, wie es der Apostel Paulus den Galatern erklärt: »Wenn wir vor Gott damit bestehen könnten, daß wir das Gesetz erfüllen, dann wäre ja Christus vergeblich gestorben!« (Gal 2,21). Dann kann es passieren, dass er zwar auf uns zugeht, aber uns nicht so helfen kann, wie er es eigentlich möchte, weil wir uns ihm widersetzen oder ihn hindern, das zu tun, was er gern tun möchte. In unserer menschlichen Begrenztheit erkennen wir nicht, was er uns zu sagen versucht und was er in uns sein will. Das Wesen von Gottes Liebe ist uns fremd. Seine Liebe steht im Widerspruch zu jeder menschlichen Liebe, und trotzdem erfüllt sie unsere tiefsten Bedürfnisse so vollkommen, dass wir nie genug davon bekommen können. Er möchte uns seine Liebe mitteilen, wenn wir Zeit mit ihm verbringen, damit wir immer sensibler für seine Person werden.

Diese Offenbarung seiner Gegenwart kann überall und zu jeder Zeit geschehen. Als ich heute von meinen Besorgungen nach Hause fuhr, merkte ich, dass ich Jesus in einer bestimmten Situation sofort vertrauen musste. In der ungestörten Atmosphäre meines Autos bat ich ihn laut um seine Hilfe. In meine deprimierte Seele hinein erfüllte er mich mit seiner Liebe. Dann hörte ich ihn in meinem Herzen sagen: »Vertraue mir, vertraue mir. Vertraue dem, was ich in der Vergangenheit aus der Bibel über diese Situation zu dir gesagt habe.«

Als ich ihn diese beruhigenden Worte sagen hörte, stärkte seine Liebe zu mir erneut meinen Glauben. Ich wusste, dass er die Umstände und diese Situation in der Hand hielt, und ich konnte mich wieder bei ihm ausruhen!

Jesus freut sich, wenn er mit seiner himmlischen Liebe zu uns kommen kann.

2. *Er kommt und will bei uns bleiben.* Jesus hat versprochen, bei uns zu bleiben und uns nie zu verlassen (Hebr 13,5). Er ist immer da, ob ich ihn »fühle« oder nicht.

Unser Vertrauen, dass Gott immer bei uns ist, wird bedroht, wenn wir unseren Gefühlen oder unserem Denken erlauben, darüber zu entscheiden, wo Gott ist. Viel zu oft lassen wir uns durch unsere momentanen Gefühle beeinflussen, die uns angeblich sagen, ob Gott da ist oder nicht. Dadurch lassen wir uns von unseren Gefühlen leiten und nicht von unserem Vertrauen auf das, was er in seinem Wort sagt.

Die Bibel sagt uns, dass Gott auf Dauer in unserem Geist oder in unserem Herzen wohnt. Er sehnt sich danach, uns zu lehren, wie wir ihm dort begegnen können. Wenn wir über sein Wort nachsinnen, wird unser Denken unter seine liebende Herrschaft gestellt, und wir lernen, uns nicht auf unsere Gefühle zu verlassen.

Er ist immer bei uns, auch wenn wir fälschlich annehmen oder wenn der Teufel uns einreden will, er wäre nicht da. Große christliche Autoren der Vergangenheit haben gesagt: »Wenn wir meinen, wir fühlten, dass er nicht da wäre, ist er uns in Wirklichkeit ganz nah.«

Tief in unserem Inneren wollen wir seine Nähe nicht, weil wir dieser fremden, aber doch so wunderbaren Liebe nicht vertrauen. Wir laufen vor ihm davon und suchen Schutz bei dem, was wir schon immer kennen und selbst kontrollieren können. Der Heilige Geist muss uns helfen, dass wir seine Liebe noch viel tiefer erfahren können. Wenn er das tut, lernen wir, dass wir seiner Liebe vertrauen können. Anfangs können wir nicht viel von ihm aufnehmen, weil unsere Kapazität, ihn zu empfangen, so gering ist. Aber der Heilige Geist, der ja die Liebe Gottes verkörpert, führt uns ab dem Augenblick, in dem er das erste Mal in unser Leben kommt, immer mehr zu dem, was der Apostel Paulus in seinem Brief an die Epheser beschreibt:

> »Ich bitte ihn, daß er euch aus dem Reichtum seiner Herrlichkeit beschenkt und euch durch seinen Geist innerlich stark macht. Ich bitte ihn, daß Christus durch den Glauben in euch lebt und ihr fest in seiner Liebe wurzelt und auf sie gegründet seid. Ich bitte ihn, daß ihr zusammen mit der ganzen Gemeinschaft der Glaubenden begreifen lernt, wie unermeßlich reich euch Gott beschenkt. Ihr sollt erkennen, was alle Erkenntnis übersteigt, nämlich die unermeßliche Liebe, die Christus zu uns hat. Dann wird die göttliche Lebensmacht mit ihrer ganzen Fülle euch immer mehr erfüllen« (Eph 3,16-19).

3. *Er hat immer Zeit für uns und möchte unser Freund sein.* Eine weitere herrliche Entdeckung, die man macht, wenn man regelmäßig betet und Zeit für Gott hat, ist es, dass er viel mehr bereit ist als wir, eine liebevolle, intime Freundschaft zu uns aufzubauen. Er sehnt sich nach uns und zieht uns immer wieder zu sich. Er gibt nie auf. Es ist einfach nicht möglich, die tiefe Erfahrung der wunderbaren und unglaublichen Dimensionen von Gottes Liebe, die er uns in unserem Gebetsleben immer wieder und immer mehr spüren lässt, mit menschlichen Worten auszudrücken. Wir können die kostbare Intimität, die unendliche Liebe, mit der unser geliebter Herr uns annimmt, wie wir sind, die Gemeinschaft, mit der er die Tür zu unserem Herzen vor dem Schmerz menschlicher Isolation und Einsamkeit bewacht, nicht begreifen. Er sehnt sich so sehr danach, bei uns zu sein, dass er uns immer mehr fähig macht, auf seine liebende Gegenwart zu reagieren. In der Zeit, in der wir mit ihm allein sind, lernen wir Tag für Tag mehr, seine Liebe zu empfangen. Die ewige Wahrheit bleibt unverrückbar, dass er öfter mit uns zusammensein will, als wir mit ihm zusammensein wollen. Obwohl er geduldig darauf wartet, Zeit mit uns zu verbringen, ist es wichtig, dass diese Kommunikation ruhig und ungestört ist.

Ich beobachte nun schon seit vielen Jahren das Leben Gottes in anderen Menschen und in mir selbst, und ich bin fest überzeugt: Es ist ganz egal, ob wir nach einer dramatischen, Leben verändernden Erfahrung ein neues Leben mit Gott begonnen haben oder ob wir ganz im Stillen den Heiligen Geist in unser Leben eingeladen haben. Genauso egal ist es, in welchem Maß Gottes Geist seine Liebe in unsere Herzen ausgießt. Es ist in jedem Fall seine Absicht, jeden Einzelnen, der an ihn glaubt, seine Liebe immer mehr erfahren zu lassen. Genau zu diesem Zweck sendet er den Heiligen Geist! Seine Gegenwart, seine Liebe machen uns fähig und geben uns die Kraft, seine Zeugen zu sein in Jerusalem, in ganz Judäa und in Samaria und bis in die entlegensten Gebiete der Erde (Apg 1,8)!

Johannes schreibt: »Wir jedenfalls haben *erkannt* [durch eigene Erfahrung] und *halten im Glauben daran fest*« [vertrauen; Verfasserin). Erkennen und Vertrauen sind lebenslange Erfahrungen. Sie werden durch die unterirdischen Quellen von Gottes Liebe in unserer stillen Zeit mit Gott genährt. Wir müssen dem Heiligen Geist täglich die Freiheit einräumen, uns immer mehr zu der ewigen, nie endenden Liebe Gottes zu ziehen.

Der Allerhöchste hat einen geheimen Ort, einen bleibenden Platz, wo der große Schutz seiner Liebe seine Arme wie Flügel über uns breitet. Wenn wir uns Zeit für ihn nehmen, ruhig werden und auf ihn hören und den Heiligen Geist bitten, uns Gottes geschriebenes Wort lebendig zu machen, werden wir von seiner göttlichen, heiligen Liebe durchdrungen. Aber wir selbst müssen auch etwas dazu tun.

Was wir dazu tun müssen

Keine Beziehung auf menschlicher Ebene ist befriedigend, wenn sie nur einseitig ist. Dasselbe gilt auch für unsere Beziehung zu dem dreieinigen Gott. Auf den letzten Seiten habe ich aufgeführt, was Gott zu dieser geistlichen Beziehung beiträgt. Jetzt wollen wir betrachten, was Sie und ich tun müssen, wenn wir das Leben erfahren wollen, das Gott versprochen hat. Wir werden vor vier entscheidende Herausforderungen gestellt.

1. *Wir müssen einen Platz einrichten, an dem wir ihm begegnen können.* Wir müssen neue Angewohnheiten entwickeln, um unsere Beziehung zu dem dreieinigen Gott zu vertiefen. Dabei gibt es ganz praktische Möglichkeiten, wie wir die Kontrolle an ihn abgeben können. Die Bibel erinnert uns daran, dass wir Gott bitten können, alle unsere Bedürfnisse zu stillen (Phil 4,6). Fangen Sie doch damit an, dass Sie den Heiligen Geist bitten, Ihnen zu helfen, einen Platz in Ihrer Wohnung zu finden, an dem Sie am wenigsten gestört werden, wenn Sie Zeit mit ihm verbringen wollen. Es sollte ein ruhiger Ort sein, an dem der Fernseher und das Telefon ausgeschaltet sind und an dem die Familie Sie (außer in Notfällen!) nicht stört.

Ihre Familie sollte wissen, dass Ihnen Gott so wertvoll ist, dass Sie ihm einen »heiligen Winkel« in Ihrem Haus einräumen wollen. Das sollte ein angenehmer, ruhiger Ort sein. »Hier betet Mutter immer« oder »dort spricht Papa mit Gott« sagen dann Ihr Ehepartner oder Ihre Kinder und zeigen dadurch anderen Menschen, wie sehr Sie Gott lieben.

Einen Ort für regelmäßiges Gebet einzurichten, hilft, sich an eine feste Zeit des Gebets zu gewöhnen und sorgt für eine friedliche und ehrfürchtige Atmosphäre an diesem Ort. Viele Menschen richten in ihren Häusern Gebetsecken oder Gebetswinkel ein. Andere haben Gebetsstühle oder eine Ecke auf dem Sofa, wo sie regelmäßig beten. Die Kinder im Haus können auch dorthin mitgenommen werden. Man kann sie in den Arm nehmen und für sie beten.

Kinder müssen anfangen, auch in ihren Zimmern ruhige Ecken einzurichten. Eltern können ihre Kinder dazu ermutigen, ebenfalls in der Bibel zu lesen und sich Gebetsformen anzugewöhnen, die ihnen helfen, eine Beziehung zu Jesus aufzubauen.

Meine Mutter hatte einen Sessel in ihrem Schlafzimmer, neben dem ihre Bibel und ihre Andachtsbücher lagen. Wir Kinder wussten, dass wir leise spielen mussten, wenn sie mit Gott sprach. Ich habe mich oft in diesen Sessel gekuschelt, wenn sie nicht im Zimmer war, und viel Trost und Hilfe erfahren, weil ich wusste, dass Gott hier immer mit meiner Mutter sprach.

Mir ist bewusst, dass es in Häusern, in denen kleine Kinder sind, eine viel größere Herausforderung ist, Zeit und Platz zum Beten zu finden. Aber auch wenn die äußeren Umstände schwierig sind, kann der Heilige Geist Ihnen helfen, mehr zu beten. Er kennt eine Möglichkeit, die auf Ihre Situation und Ihr Zuhause genau zugeschnitten ist. Er kann auch unerwartete Unterbrechungen und Pausen benutzen und sie in wichtige Gebetszeiten umwandeln.

Ich kenne eine junge Mutter, die immer eine halbe Stunde vor ihrer Familie aufsteht. Eines Morgens war ihr eines ihrer Kinder zu ihrem Gebetssessel gefolgt. Sie nahm es auf den Schoß, und sie beteten eine Weile miteinander. Dann schlummerte das Kind wieder ein, und sie hielt es in den Armen und betete leise. Von Susanna Wesley ist bekannt, dass sie ihren Kindern immer dadurch signalisierte, dass sie einen Augenblick zum stillen Gebet brauchte, wenn sie sich ihre Schürze über den Kopf warf. Dieses

Beispiel hat auf die Kinder bestimmt sehr großen Eindruck gemacht.

Bitten Sie Gott, Ihnen zu helfen, einen besonderen Ort zu entdecken, an dem Sie ihm begegnen können.

2. *Wir müssen eine Zeit festlegen, zu der wir ihm begegnen wollen.* In einer stillen Zeit mit Gott liegt das Geheimnis, wie wir Gottes Liebe in ihrer ganzen Schönheit und Macht immer mehr erleben können (Ps 63,2). Er führt uns zu einer tieferen Beziehung mit ihm und schenkt uns eine immer größere Kapazität, ihn zu empfangen, wenn wir ihm unsere Zeit zur Verfügung stellen. Wenn er uns wichtig genug ist, werden wir ihm Gelegenheit geben, immer mehr Raum in uns einzunehmen und sich uns zu offenbaren. Er muss uns alles lehren: angefangen dabei, wie wir zu seiner unsichtbaren Gegenwart in Beziehung treten können, bis dahin, dass wir ein Ohr für sein Reden bekommen, und dahin, dass wir den Unterschied zwischen seiner Stimme (Gott sagt) und unserer Stimme (ich sage) erkennen.

Die große Frage in einem Leben mit Gott ist also das *Wie*. Wie geben wir dem Heiligen Geist die Zeit und ungeteilte Aufmerksamkeit, die er braucht, um sich uns in unserem Herzen zu offenbaren? Wie offenbart er uns auf seine unvergleichliche Weise Gottes Liebe?

Wie beginnen die Ströme lebendigen Wassers mit ihrer kristallklaren, reinen, himmlischen Liebe (Joh 7,37-39), unser Leben der Lieblosigkeit zu überströmen? Wie können wir in den übersprudelnden Fluss von Gottes Liebe steigen (Ps 36,8), und zwar nicht nur bis zu den Knöcheln, wie der Prophet Ezechiël schreibt (Ez 47), auch nicht nur bis zu den Knien oder zu den Hüften, sondern so weit, dass wir darin schwimmen? Ezechiël sagt, dass alles gedeiht, wohin der Fluss kommt (Ez 47,9)! Gottes Liebe, und allein seine Liebe, bringt Heilung und Leben, weil dieses Wasser Gottes aus dem Heiligtum, vor Gottes Thron entspringt (Offb 22,19).

Gottes Liebe hat Tiefen, die wir erst im Himmel kennen lernen werden, wenn alle Sünde und Schuld fort ist. Aber auch schon auf dieser Erde geschieht etwas, wenn Menschen Sehnsucht nach Gott haben und in seiner Gegenwart bleiben, sich Zeit nehmen, zu seinen Füßen sitzen, ihn anschauen, warten und auf sein Wort hören, wie es Maria getan hat (Lk 10,38-42). Jeder, der zu Gottes Füßen sitzt, erlebt eine wachsende Tiefe seiner göttlichen Liebe, die großzügig und überfließend aus seinem Herzen strömt. Jeder, der bereit ist, sei es persönlich oder in der Gemeinschaft mit anderen, Gott Zugang zu seinem Herzen zu geben, zu seinen Füßen zu sitzen, über sein Wort nachzudenken, ihm zu dienen, sich ihm unterzuordnen, wird ihn finden. Diese Menschen werden die Fähigkeit bekommen, Gott zu erlauben, in ihnen zu wirken, ihren Willen und ihr Handeln zu verändern (Phil 2,13).

Das Geheimnis liegt dann darin, ihm Zeit zu lassen, durch die Bibel zu sprechen, ihm Zugang zu allen Bereichen unseres inneren Lebens zu geben und bei ihm zu lernen, wie wir seine Liebe empfangen können. Es gibt vieles, das wir wieder verlernen müssen, aber wenn er erst einmal angefangen hat, in alle Bereiche unseres Herzens einzutreten und sie zu durchdringen, kann er alle unsere Gefühle und Gedanken beeinflussen.

Bitten Sie den Heiligen Geist, Ihnen zu helfen, eine Zeit mit ihm einzurichten. Er wird Ihnen die Zeit zeigen, die für Sie am besten ist. Wenn Sie aus eigener Kraft versuchen, eine Zeit einzurichten, die richtig ist, werden Sie zwischen vielen Möglichkeiten schwanken. Das Geheimnis aller Entscheidungen ist es, sich sofort an den Heiligen Geist zu wenden und ihn zu bitten, Ihnen seinen Willen zu offenbaren. Er wird es tun. Oft gibt er Ihnen die Antwort mit erstaunlicher Schnelligkeit und Einfachheit. Sie selbst werden vielleicht nicht die günstigste Zeit finden, aber wenn Sie dem Heiligen Geist erlauben, Ihre gemeinsame Zeit mit ihm zu bestimmen, wird es auf jeden Fall eine gute Zeit werden.

Unser himmlischer Vater verlangt nicht mehr von uns, als wir geben können. Er weiß, woraus wir gemacht sind, sagt David (Ps 103,14). Er weiß, dass wir aus Staub gemacht sind. Er weiß, dass wir Ruhepausen brauchen, und er weiß, dass wir ihn brauchen. Ich habe festgestellt: Wenn ich ihn frage, wie ich etwas tun soll, gibt er mir die Kraft, ihm zu gehorchen, und geht selbst voraus und bahnt mir den Weg.

An einem wichtigen Punkt in meinem Leben bat ich Gott, mir zu helfen, eine feste Zeit mit ihm einzurichten. Die Antwort kam klar und deutlich: »Ich möchte, dass du anfängst, jeden Tag mit mir eine Zeit allein zu verbringen. In dieser Zeit können wir miteinander sprechen.« Er forderte mich auf, für diese besondere Zeit jeden Tag eine Stunde früher aufzustehen.

Am nächsten Tag ging ich von sechs bis sieben Uhr morgens an meinen Gebetsplatz. Diese Angewohnheit pflegte ich viele Jahre lang. Die äußere Form des Gebets ändert sich im Laufe der Zeit. Gott zieht uns immer mehr zu sich und ins Gebet, je älter wir werden, wenn wir bereit sind, den ganzen Tag zu beten (1 Thess 5,17).

Wenn wir uns an den Heiligen Geist, der in uns wohnt, wenden und ihn bitten, uns so zu führen, wie er will, überlassen wir ihm die Führung und Kontrolle und versuchen nicht mehr, alles aus eigener menschlicher Anstrengung heraus zu tun. Genau genommen geht es bei der ganzen Zeit, die wir mit Gott verbringen, hauptsächlich darum, unsere übergroße Kontrolle und Selbstsicherheit loszulassen. In unserer Zeit mit ihm lehrt er uns, wie das geht.

Ich möchte das an einem Beispiel veranschaulichen. Nachdem ich eines Morgens eine beträchtliche Zeit mit Bibellesen und Beten verbracht hatte, stand ich auf und wollte mich gerade an meine Arbeit machen. Immerhin hatte ich viel zu tun! Aber der Heilige Geist sagte: »Setz dich. Du hast dich mir noch nicht untergeordnet. Obwohl du so viel Zeit in meiner Gegenwart verbracht hast, hast du die Kontrolle immer noch nicht aus der Hand gegeben!«

Sobald ich den Heiligen Geist das sagen hörte, wusste ich, dass das stimmte. Sicher, ich wandte mich an ihn und wollte, dass er die Herrschaft übernimmt, aber ich war immer noch in meinem Willen gefangen. Ich hatte mich immer noch nicht ihm und seinem Leben in mir übergeben. Ich hatte ihm nicht meinen Tag übergeben, dass er ihn so leben konnte, wie er ihn in mir leben wollte. Ich wollte immer meinen eigenen Willen durchsetzen.

Ich setzte mich. Ich wünschte, ich könnte mit Worten ausdrücken, was in den nächsten zehn oder fünfzehn Minuten geschah. Erstens malte mir Jesus alle Ereignisse dieses Tages in der richtigen Reihenfolge vor Augen. So gut ich konnte – mehr verlangt er auch nicht von uns – legte ich alles, was ich glaubte, tun oder sagen zu müssen, nieder und breitete den ganzen Tag vor ihm aus. Ich sagte: »Herr, ich ergebe mich dem, was du sagen oder tun willst. Ich lege alle Kontrolle, meinen ganzen eigenen Willen nieder. Tu du durch mich, was du tun willst.«

Ich ließ los. Ich unterwarf mich ihm und er half mir, alles aus der Hand zu geben, was ich in Bezug auf diesen Tag so fest in Händen gehalten hatte. Ich fühlte mich, als wäre eine reinigende Flutwelle über mich hinweg gerollt. Als ich von meinem Stuhl aufstand, war ich in ihm, und er war in mir am Werk. Sein Wille, nicht meiner, konnte an diesem Tag geschehen. Es wurde ein herrlicher Tag, der spürbar von Gott durchdrungen war. Eine Freundin von mir würde es so ausdrücken: »Du hast deine Last abgelegt und Gottes Last auf dich genommen« (Mt 11,28-30).

3. *Wir müssen uns entspannen und ihn empfangen.* Mir der Gegenwart des Heiligen Geistes, der in mir wohnt, bewusst zu werden, ist etwas, das ich nicht mit eigener Anstrengung erzwingen oder produzieren kann (Joh 6,63). Es ist ein Geschenk Gottes. Jeden Tag, wenn ich in seiner Gegenwart Platz nehme, atme ich tief durch und entspanne mich. Ich lasse los, ich werde ruhig, und alle Anspannung und Hektik weichen von mir. Es passiert so oft, dass wir nervös, aufgeregt, angespannt zu unserer Zeit mit ihm kommen. Wir schreien auf, wir bitten ihn, uns seine beruhigende Gegenwart erleben zu lassen. Die Anspannung unseres hektischen Alltags und unserer Aufgaben taucht während unserer Zeit mit ihm trotzdem immer wieder auf, und wir müssen immer wieder bewusst abschalten, uns entspannen, erneut tief durchatmen und loslassen, unsere Lasten auf ihn werfen und lernen, sie bei ihm liegen zu lassen. Durch den Propheten Jesaja sagt Gott: »Wenn ihr zu mir umkehrt und stillhaltet, dann werdet ihr gerettet. Wenn ihr gelassen abwartet und mir vertraut, dann seid ihr stark« (Jes 30,15).

Ich liebe die Zeit, die ich bewusst mit Jesus verbringe. Sein Geist lehrt mich, in ihm ruhig zu werden, auf ihn zu schauen und immer wieder aufs Neue seine erstaunliche Gnade und Macht zu erkennen, mit der er mir ständig begegnen will (Eph 1,17-23). Eines Tages hörte ich ihn, nachdem ich einige Zeit damit verbracht hatte, in der Bibel zu lesen und mich in seiner Gegenwart zu entspannen, in meinem Herzen sagen: »Margaret, ich freue mich wirklich, dass du versuchst, dich mehr auf mich zu verlassen. Du versuchst, nicht mehr so viel aus eigener Kraft zu tun, und du bist in deiner Zeit mit mir viel entspannter. Aber merkst du eigentlich, was in letzter Zeit passiert?«

»Nein, Herr.«

»Du lässt zwar wirklich immer mehr los, aber du bist verunsichert, weil du nicht weißt, was ich vielleicht als Nächstes tun werde, wenn du mir die Kontrolle überlässt. Das macht dich unsicher.«

Noch während er sprach, sah ich, was er meinte. Ich musste über mich selbst lachen. Wie komisch wir doch sind! Ich war erleichtert, weil er ebenfalls sah, wie unlogisch ich war. Trotzdem hatte ich nicht das Gefühl, von ihm verurteilt zu werden.

Danken Sie Gott für einen Ort in Ihrem Haus, an dem Sie beten können, und für eine Zeit, die Sie jeden Tag in der Gemeinschaft mit Gott erleben können. Wie herrlich ist es doch zu wissen, dass wir, wenn wir zu ihm kommen, nicht irgendetwas tun müssen, sondern uns entspannen und ihm zuhören können. Er hat alles in der Hand. An uns ist es, uns unterzuordnen und zu lernen, ihm zu folgen, ihm zu antworten. Nur der Heilige Geist kann diese Zeit mit Gott mit Leben füllen.

Wir können uns entspannen und unsere Herzen ihm öffnen. Allein das ermöglicht es uns schon, seine liebende Gegenwart zu erleben.

4. *Wir müssen bereit sein, dem Heiligen Geist zu erlauben, unseren Blick von uns selbst weg auf Gott zu lenken.* Während ich in der Gegenwart des Heiligen Geistes bin und er anfängt, mir zu zeigen, wie Jesus ist, beginne ich, den großen Unterschied zwischen Jesus und mir zu sehen. Ich sehe, wie Jesus von Gott dem Vater abhängig ist (Joh 5,19.30), während ich selbst immer meine, ich könnte alles aus eigener Kraft schaffen. Wie vermessen es doch ist zu glauben, ich hätte die Kraft in mir selbst, die Situationen des Lebens in den Griff zu bekommen, während sich sogar Jesus ganz auf Gott verließ. Wenn schon Jesus ganz von seinem Vater abhängig war, wie viel mehr sollte dann ich mich

der Autorität Gottes unterordnen! Gewöhnlich übernehme ich in jedem Bereich meines Lebens die Kontrolle, weil ich so sehr auf mich selbst konzentriert bin. Vorher Gott um seinen Rat zu fragen, ist mir fremd. Ich suche weder in der Bibel noch in einem erwartungsvollen Gebet seinen Rat. Ich bin so selbstsicher und mein eigener Wille ist so stark ausgeprägt, dass ich glaube, ich wüsste, wie alles zu geschehen hat. Ich muss die Herrschaft in meinem Leben an Gott abtreten. Das bedeutet, dass ich mein Selbstvertrauen und meine Selbstsicherheit ablegen muss, die sich mir im Laufe der Jahre durch ständige Praxis eingeprägt haben. Ich muss mein menschliches Handeln und meine menschlichen Reaktionen, die jeden Bereich meines Seins durchdringen, aufgeben. Ich muss mich zu meiner Neigung, alles aus meiner menschlichen, seelischen Energie heraus selbst tun zu wollen, stellen; ich muss lernen, meine Begrenzungen und Neigungen zu erkennen, ohne meine Ichsucht verteidigen oder beschützen zu wollen.

Wenn ich durch den Einfluss des Heiligen Geistes fähig werde, meinen Schwerpunkt zu verlagern, wird er mir auch helfen, mich auf ihn zu stützen und mich auf ihn zu verlassen. Er möchte mir helfen zu erkennen, wie hilflos ich in Wirklichkeit bin. Er will, dass ich die Last, die ganze Verantwortung für alles tragen zu müssen, bei Jesus ablege. Ich muss aufhören, selbst loszulaufen, und stattdessen warten und bereit sein, das zu tun, was Jesus mir in unserer gemeinsamen Zeit zeigt (Joh 5,19.30).

Natürlich entbindet uns diese neue Beziehung zum Heiligen Geist nicht von unserer Verantwortung. Wir müssen zur Arbeit gehen, Rechnungen bezahlen und den Mülleimer ausleeren! Trotzdem begeben wir uns auf eine innere Reise, wenn wir Zeit mit Gott verbringen, bei der wir lernen, hilflos und von ihm abhängig zu sein.

Ein großes Wunder beginnt, wenn wir uns in unserem täglichen Leben der Gegenwart des Heiligen Geistes bewusst werden. Wenn wir uns immer mehr unterordnen und ihm die Kontrolle überlassen, werden wir immer mehr zu den Menschen, die wir in ihm sind. Wir lösen uns immer mehr von unserem alten, schuldigen, von Fehlverhalten geprägten Wesen und werden immer mehr die Menschen, als die Gott uns gewollt hat (Mt 16,24-26)! In diesem Fall ist weniger wirklich mehr: Je weniger von mir zur Geltung kommt, umso mehr ist er zu erkennen; gleichzeitig werde ich immer mehr das, was ich in ihm bin. Ein erstaunliches Paradox (1 Petr 5,6)!

Kapitel 4

Der Heilige Geist als unser Lehrer

»Der Vater wird euch in meinem Namen den Helfer senden, der an meine Stelle tritt, den Heiligen Geist. Der wird euch alles weitere lehren und euch an alles erinnern, was ich selbst schon gesagt habe« (Joh 14,26).

Die Bibel erklärt uns, dass eine der wichtigsten Aufgaben des Heiligen Geistes in unserem Leben die des Lehrers ist. Ehe ich darlege, wie ich die Rolle des Heiligen Geistes als Lehrer verstehe, möchte ich gern von einem Vorfall aus meinem Leben berichten, der diese Rolle anschaulich schildert.

Eines Abends nahm ich an einer Veranstaltung teil, bei der auch eine Frau zugegen war, die seit über zehn Jahren viel Gebet und Fürsorge von uns allen erfahren hatte. Gott hatte sich auf erstaunliche Weise in ihrem Leben manifestiert und sie hatte angefangen, in Gehorsam und Demut Jesus nachzufolgen.

Sie bekleidete einen leitenden Posten in der Stadt. Die Auswirkungen ihres neuen Lebens mit Gott wurden sprichwörtlich von Hunderten von Menschen bemerkt. Viele von uns beteten auch weiterhin ernsthaft und leidenschaftlich für sie, und sie entwickelte ein immer größeres Vertrauen zu Gott.

Aber an diesem Abend musste ich deprimiert und traurig feststellen, dass sie keinen inneren Frieden hatte. Diese Erfahrung macht jeder von uns von Zeit zu Zeit vorübergehend durch, doch sie kehrte an diesem Abend jedem Fortschritt, den sie in ihrem Glauben gemacht hatte, den Rücken zu. Sie leugnete Jesus geradezu. Ihre Rebellion gegen Gott hatte wieder die Oberhand und war sogar noch schlimmer geworden als zuvor (Lk 11,21-26). Alle von uns, die für sie gebetet hatten, waren angesichts dessen, was wir an diesem Abend sahen, entsetzt und traurig; sie hatte sich entschieden von Gott abgekehrt.

Als ich später nach Hause fuhr, war ich verwirrt und aufgewühlt. Eine Frage ging mir immer wieder durch den Kopf und schmerzte mich: »Herr, was ist nur passiert?«

Ich wusste sehr wohl, wie sehr sich der Feind dagegen wehrt, wenn Menschen für eine Sache oder einen Menschen beten. Wir alle, die wir für diese Frau gebetet hatten, wussten, dass Satan sich niemals widerstandslos geschlagen gibt. Das hatten wir im Laufe der Jahre oft genug erlebt, doch jedes Mal war er letztendlich besiegt worden. Ich bin von Beruf Therapeutin und weiß, wie gefährlich ungelöste persönliche Probleme sind – Selbstwert, Macht und Kontrolle im Leben, das Bedürfnis nach Ansehen, Stolz und Selbstüberschätzung –, wenn sie in die Hand des Feindes gelangen. Jede dieser Schwächen stellt ein offenes Schlachtfeld dar, das der Teufel nur zu gern betritt. Er verschleiert das Verständnis des Menschen durch Unwissenheit und Gedankenlosigkeit und redet ihnen oft falsche Antworten ein (Eph 4,17-20).

Unsere Freundin wollte ihre Bedürfnisse so schnell befriedigt sehen, dass sie sich für die verführerischen Versprechen des Teufels auf einen schnellen Erfolg entschied, statt den Heiligen Geist mit seinen Leben spendenden Antworten an ihre Problemstellen heranzulassen. Das Bedürfnis dieser Frau nach Liebe und Anerkennung war größer, als irgendjemand von uns vermutet hatte. Jetzt fragte ich natürlich: Hatten wir versagt? Und: Was sollen wir jetzt tun? Gott hatte uns doch eindeutig aufgetragen, für sie zu beten.

Ich stellte das Auto in unserer Auffahrt ab, zog den Schlüssel ab und eilte schweren und traurigen Herzens zum Haus. Die vielen Jahre, in denen ich mit anderen und in meiner persönlichen Gebetszeit für diese Frau gebetet hatte, gingen mir durch den Sinn. Wir hatten uns auf die Verheißungen der Bibel in Bezug auf das Gebet gestützt, was die Bibel über das Gebet sagt; wir hatten voll Mitgefühl vor Gott um diese Frau geweint und gerungen und im Vertrauen, dass Gott eingreifen würde, für sie gebetet. Um für sie im Gebet vor Gott einzutreten, hatten wir teilweise auf Schlaf, Freizeit und Essen verzichtet. Dieses Gebet war nicht beiläufig geschehen; es war ein bewusstes, engagiertes Eintreten vor Gott für diesen Menschen gewesen.

Ich betrat unser Haus und ging geradewegs zu meiner Gebetsecke. Leidenschaftlich rief ich aus: »Jesus, hilf mir, lehre mich. Ich muss verstehen lernen, was hier passiert, was du hier geschehen lässt, was wir tun sollen. Ich weiß, dass mein Vertrauen und meine Liebe noch reiner werden müssen. Ich ordne mich in allen Bereichen dir unter. Zeige mir, was du mir zeigen willst, öffne mir den Blick, dass ich erkenne, wo ich nicht nach deinem Willen handle. Ich bereue es und möchte umkehren. Du kannst sagen, was du willst, und ich werde es hören und gehorsam befolgen! Ich habe mein Möglichstes getan.«

Ich erkannte, dass Gottes Plan für diese Frau unverändert derselbe blieb. Der Rückfall unserer Freundin schenkte mir einen Blick und die Erkenntnis dafür, wo sie auf ihrem geistlichen Weg in Wirklichkeit stand. Was, fragte ich mich, sollte meine Antwort sein? Hatte ich etwas falsch gedeutet? »Hilf mir, Herr, neu zu sehen, wo ich beten muss, und wie ich es tun muss.«

Selbst während ich betete, purzelten in meinem Herzen und in meinem Kopf alle möglichen Gedanken durcheinander. Ich versuchte, zu Gott durchzudringen und seine Sicht dieser Situation zu hören. Ich wusste, dass ich von Gott eine Antwort bekommen musste. Das war wichtiger als alle menschlichen Erklärungen. Unser geliebter himmlischer Vater wollte mich eine wichtige Lektion lehren und mir zeigen, was ich tun sollte.

David fordert uns auf: »Schüttet euer Herz bei ihm aus« (Ps 62,9). Genau das tat ich. Ich war so traurig darüber, dass dieser geliebte Mensch vom richtigen Weg abgekommen war. Warum hatte Gott unsere leidenschaftlichen Gebete nicht erhört?

Meine Mutter hat oft gesagt: »Wenn die Antwort auf sich warten lässt, kann es dafür mehrere Gründe geben.« Erstens, erklärte sie, müssen wir uns selbst prüfen und herausfinden, ob wir in irgendeiner Form des Ungehorsams leben. Dies gilt besonders für unseren Umgang mit anderen Menschen. Sind wir ihnen gegenüber lieblos? Ungehorsam gegenüber Jesu Liebesgebot ist der häufigste Grund für nicht beantwortete und nicht erhörte Gebete (Joh 13,34-35; 15,9-10.12).

Ein zweiter Grund dafür, dass unsere Gebete nicht erhört werden, kann sein, dass wir mehr aus unserem eigenen, eigensinnigen Willen heraus beten als aus dem Willen Gottes. Dies geschieht leicht, wenn unsere Beziehung zu dem Heiligen Geist, der in uns lebt und uns Gottes Willen zeigen will, gestört ist (Röm 8,26-27). Darauf will ich später genauer eingehen.

Drittens kann es sein, dass Gott viel tiefer gehende und weitreichendere göttliche Absichten verfolgt, als wir uns vorstellen können. Seine Ziele nehmen vielleicht viel Zeit in Anspruch, bis sie sichtbar werden.

Während ich weinte und betete und vergeblich versuchte, ruhig zu werden, hörte ich nichts von Gott. Ich konnte einfach meinen emotionalen Schmerz nicht so weit überwinden, dass ich seine leise, ruhige Stimme hätte vernehmen können. Ich blieb zwei Stunden auf. Nach Mitternacht hörte ich, wie unsere Haustür aufging. Es war mein Mann, der von der Arbeit nach Hause kam.

»Warum bist du so spät noch auf?«, fragte er, als er durch den Flur zu mir kam. »Warum liegst du nicht im Bett und schläfst?«

Ich sehnte mich danach, die ganze Situation vor ihm auszubreiten. Aber ich merkte in meinem Inneren, dass der Heilige Geist mich daran hindern wollte. »Sprich mit niemandem darüber, auch nicht mit John, bis ich dir die Sache erklärt habe«, sagte die leise, innere Stimme.

Mit anderen Worten sagte er, dass ich vor anderen Menschen über meine Sorgen schweigen sollte, egal, wie lieb mir diese Menschen sind und wie gut es mir tun würde, darüber zu sprechen. Ich sollte warten, bis Gott zu mir spricht und mich unterweist. »Ich bin dein Lehrer«, erinnerte er mich.

Wie oft wird unser Warten und Beten nachlässig, wenn wir uns von unserem menschlichen Verständnis leiten lassen – so gut unsere menschlichen Gründe auch sein mögen. Stattdessen dürfen wir nicht aufhören, Gottes Gegenwart zu suchen, bis er so antwortet, wie er es will und wie er es für richtig hält!

Also antwortete ich John: »Ich saß nur ruhig da und habe gehorcht und gewartet.« Dann begann John, mir von seinem Tag zu erzählen.

Ich schlief in dieser Nacht gut und erwachte früh am nächsten Morgen. Als ich auf Zehenspitzen aus dem Schlafzimmer schlich und zu meinem Gebetsplatz ging, war ich schon merklich ruhiger. Es hilft sehr, unser Herz vor Gott auszuschütten, selbst wenn er nicht sofort antwortet und nicht auf die Weise, wie wir es gern hätten. Wenn wir unsere Sorgen vor Gott aussprechen und sie uns auf diese Weise vom Herzen reden, werden wir ruhig und entspannt. Ich wusste, er würde das Rufen meines Herzens erhören, wenn der richtige Zeitpunkt kam und ich nicht mehr zu aufgeregt war, um seine Stimme zu hören. Die großen Heiligen vorheriger Jahrhunderte sprachen von *Kenosis* – d. h., es ist nötig, alles, was wir fühlen, »auszuleeren«, damit wir fähig werden, Gott sprechen zu hören (Phil 2,5-8).

Ich war ausgeruhter und ruhiger, litt aber immer noch sehr unter dem, was ich als riesiges Versagen verstand. In dieser Verfassung kam ich wieder in Gottes Gegenwart. Ich schlug die Bibel bei den Psalmen auf und las und las. Diese Worte wirkten heilend und tröstend auf mich.

Nach ungefähr anderthalb Stunden legte ich die Bibel weg und saß ruhig und friedlich in Jesu Gegenwart und wusste, dass er alles gut machen würde. Während ich still auf sein Sprechen wartete, wurde ich von seiner liebenden Nähe aufgerichtet, und er begann, mich zu lehren, was passierte. Er erinnerte mich daran, dass das Gebet nicht den Willen eines anderen Menschen oder Gottes Willen zwingen kann, etwas Bestimmtes zu tun. Durch das Gebet bekommt der Heilige Geist die Möglichkeit, den Willen Gottes auszuführen. Dabei kann es eine Weile dauern, bis Gott uns seinen Willen zeigt. Was ich anfangs als Abkehr von Gott gesehen hatte, konnte ich jetzt mit Gottes Hilfe als Umweg auf dem großen Fahrplan Gottes sehen. Ich wurde wieder einmal an Georg Müller erinnert, der zweiundfünfzig Jahre lang für fünf Menschen gebetet hatte, die erst zu Gott kamen, als er schon gestorben war. Gott lehrte unsere Gebetsgruppe, dass wir nicht aufhören sollten, für diese Frau zu beten, bis unser Gebet erhört werden würde, auch wenn wir nicht wussten, wie lang das dauern würde.

Als Gott mir diese Erkenntnis klar und deutlich vor Augen führte, fühlte ich mich gedrängt, das schriftlich festzuhalten, da ich fürchtete, ich könnte mir sonst nicht alles merken. »Was durch das Gebet gewonnen wurde, muss durch das Gebet festgehalten werden«, sagte der Heilige Geist zu mir. »Es wird schon lange aufopfernd für diese Frau gebetet; dieses Gebet hat euch alle im Laufe der Jahre einiges gekostet. Auf dieser Ebene müsst ihr weiterbeten, und ihr müsst euer Gebet sogar noch verstärken. Die Mächte des Bösen toben wie nie zuvor, und nur durch Fasten und Beten wird der Feind zurückgedrängt, damit ich Freiraum bekomme, diese Frau, die euch allen so sehr am Herzen liegt, zu Jesus zu ziehen. Du musst wissen, dass große geistliche Mächte gegen eine Erhörung dieser Gebete ankämpfen, aber ich habe eure Gebete gehört, und ich werde sie auch weiterhin erhören. Aber ich sage es noch einmal: Ihr müsst euer aufopferndes Gebet noch verstärken.

Zweitens, du musst mir vertrauen wie noch nie zuvor in deinem Leben. Du bist durch das, was du gestern Abend gesehen hast, zu sehr erschüttert, und du lässt dich durch äußere Umstände zu leicht treffen. Das bedeutet, dass du mich tiefer kennen und meinem Charakter mehr vertrauen musst, egal, was äußerlich geschieht.«

Die Worte des Apostels Paulus aus dem zweiten Korintherbrief, Kapitel 4, Verse 15-18, kamen mir in den Sinn und ich erinnerte mich, wie meine Mutter sich immer geweigert hatte, irgendwelche Zweifel oder mangelndes Vertrauen auszusprechen, wenn sie über eine Situation gebetet hatte. Ihr Glaube verbot ihr, Unzufriedenheit über das, was Gott tat, oder darüber, wie er ein Gebet erhörte, auszusprechen. Der Heilige Geist zeigte mir: Je länger wir über einer Situation beten, umso mehr müssen wir glauben und vertrauen, dass das, was er uns im Gebet gesagt hat, auch wahr ist.

Drittens, der Heilige Geist zeigte, dass der Feind die Frau, für die wir beteten, aufgrund ihrer tiefen persönlichen Not getäuscht hatte. Sie konnte die Bedürfnisse ihres Ego schneller befriedigen, wenn sie so lebte, dass sie anderen gefiel, und sie war dieser starken Versuchung erlegen (Joh 5,44). Wir sollten weiter für diese persönlichen Bedürfnisse beten und darauf vertrauen, dass sie zu dem Zeitpunkt, den Gott bestimmte, und auf die Weise, die er festlegte, ihm antworten würde.

Schließlich machte mir der Heilige Geist klar, dass wir noch viel stärker für alle Menschen in ähnlichen Situationen beten sollten, damit wir nicht auf unsere eigene Situation fixiert werden, sondern alle Menschen, die in einer ähnlichen schwierigen Lage sind, in unser Gebet einschließen. Wir sollen sie Jesus hinlegen, genauso wie wir unsere Situation Jesus hinlegen, und darauf vertrauen, dass Gottes Macht bei jedem sichtbar wird. Der Heilige Geist lehrt uns auch weiterhin, dass wir mehr und intensiver beten und darauf vertrauen sollen, dass er stark und machtvoll wirkt.

Ein tiefer Friede erfüllte mich, als der Heilige Geist mir nicht nur darlegte, was er von unserem Gebet erwartete, sondern uns auch klarmachte, dass wir dieser Frau weiterhin in seiner Liebe und in seinem Mitgefühl begegnen und ihm vertrauen sollen, bis der Sieg sichtbar wird.

Wir sind immer noch dabei, so zu beten, wie Gott es uns gelehrt hat, und wir haben großes Vertrauen darauf, dass unsere Gebete am Ende erhört werden. Er hat uns ein unerschütterliches Vertrauen darauf gegeben, dass er die Frau, für die wir beten, zu sich zurückholt. Wir vertrauen seinem Wort. »Ich wache darüber, daß geschieht, was ich dir sage« (Jer 1,12).

Was Gott dazu tut

1. *Er kommt und lehrt uns.* Einer der wichtigsten Aspekte von Gottes bedingungsloser Liebe zeigt sich darin, dass er selbst in der Person des Heiligen Geistes kommt und uns hilft. Und eine seiner wichtigsten Möglichkeiten, uns zu helfen, besteht darin, dass er uns in seine Schule nimmt. Wenn er uns lehrt, verstehen wir sein Wesen besser und erkennen, was er in und für uns tun will. Er wird uns erkennen lassen, was wirklich hinter einer

Situation steckt. Er will uns helfen, sie richtig einzuordnen und Ereignisse mit seinen Augen zu sehen (1 Kor 2,9-16; Spr 2,6).

Gott zeigt uns die Wahrheit nicht nur dadurch, dass er uns die richtigen Gedanken schenkt. Er lehrt uns auch in unserem Herzen, in dem er wohnt, und spricht aus unserem menschlichen Geist. Er spricht durch die Bibel zu uns. Je mehr wir uns Zeit nehmen und in der Stille auf sein Reden warten, umso mehr hilft uns der Heilige Geist, Dinge zu verstehen und zu begreifen. Wenn wir uns ihm nähern und auf sein Sprechen warten, können wir sicher sein, dass er zu uns kommen wird. Jesus verspricht uns: »Der Vater wird euch in meinem Namen den Helfer senden, der an meine Stelle tritt, den Heiligen Geist [das Versprechen des Vaters]. *Der wird euch alles weitere lehren*« (Joh 14,26; Hervorhebung durch die Verfasserin). Der Prophet Jesaja sagt über Jesus: »Ihn wird der Herr mit seinem Geist erfüllen, dem Geist, der Weisheit und Einsicht gibt, der sich zeigt in kluger Planung und in Stärke, in Erkenntnis und Ehrfurcht vor dem Herrn« (Jes 11,2).

Gott möchte uns durch das Wirken des Heiligen Geistes, der uns so wie kein anderer Dinge begreiflich machen kann, lehren. Er ist die absolut zuverlässige Quelle der Wahrheit in jeder nur denkbaren Situation. Es kommt nur darauf an, ob wir wirklich seine Stimme hören wollen. Der Vater hat versprochen, dass er unser Lehrer sein wird.

Gottes Deutung ist fast immer völlig anders als meine eigene Sichtweise. Das liegt vor allem daran, dass ich dazu neige, Situationen egoistisch und nach meinen eigenen Vorstellungen zu deuten und regeln zu wollen. Während er mich lehrt, die Wahrheit zu sehen und den richtigen Blick zu bekommen, weil er der Geist der Wahrheit ist (Joh 14,17), lerne ich, immer mehr dafür zu beten, dass Gottes Wille geschieht (Jak 4,3), und nicht in eine falsche Richtung zu beten. (Darauf werden wir später genauer eingehen.) Der Prophet Jesaja sagt: »Meine Gedanken – sagt der Herr – sind nicht zu messen an euren Gedanken und meine Möglichkeiten nicht an euren Möglichkeiten« (Jes 55,8-9).

Es nimmt mehr Zeit in Anspruch, als wir uns selbst eingestehen wollen, so wie Christus zu denken (1 Kor 2,16). Nur wenige Menschen geben Gott genug Zeit, ihnen seine Weisheit zu zeigen. Infolgedessen kommen viele auf den irrtümlichen Gedanken, er hätte kein Interesse daran, mit uns zu sprechen. Aber er sehnt sich danach, mit uns zu sprechen, und er wird es auch gern tun, wenn wir lernen, noch mehr auf den Heiligen Geist in uns zu hören. Uns entgeht so vieles von dem, was er sagt, weil wir nicht bereit sind, die tägliche Zeit zu investieren, die nötig ist, um seine liebevolle Stimme zu hören.

Welch ein Trost ist es zu wissen, dass er uns als unser Lehrer nahe kommt! Er will und wird die Bitte unseres Herzens, mehr zu verstehen und zu begreifen, erhören. Er will uns lehren; er will uns Weisheit und Erkenntnis schenken, wenn wir ihm Gelegenheit dazu geben.

2. *Er hilft uns auf sanfte Weise zu erkennen, wer wir selbst sind.* Der Heilige Geist, unser Lehrer, zeigt uns, wie unser Denken, unser Wille und unsere Gefühle im Innersten reagieren. Dabei ist er jedoch so zart, so liebevoll, dass diese Offenbarung, diese Selbsterkenntnis nur so tief geht, wie ich es ertragen kann (Mk 4,33). David betete: »Dir gefällt es, wenn jemand die Wahrheit erkennt« (Ps 51,8). Mit einer solchen Liebe begegnet mir Gott, wenn er mir hilft, dass ich mich gesegnet, geliebt und wertgeschätzt fühlen kann. Wenn ich mich verurteilt fühle, weiß ich, dass Satan sich einmischt und Gefühle der Selbstverachtung in mir erzeugen will. Ich kann nur staunen, wenn der Heilige Geist mich so sehr stärkt, dass ich lerne, mich gegen die Anschuldigungen dämonischer Mächte zu wehren. Nur der Heilige Geist kann mir helfen, das zu erkennen und richtig zu reagieren. Das geschieht bei jedem Einzelnen von uns anders. Aber ich bin nicht bereit, dem Feind zu erlauben, ein Kind Gottes anzuklagen (Röm 8,1-2).

Die heilige Teresa von Avila sagte:

»Einige Menschen sind so blind, dass sie sich bei Gott beschweren, wenn sie vor eine Versuchung gestellt werden. ›Was habe ich nur getan? Womit habe ich das verdient?‹, jammern sie. Indirekt sagen sie damit, dass sie nichts getan haben, dass sie unschuldig sind an der großen inneren Unordnung, die in ihrem Denken und in ihrem Herzen herrscht.«[4]

Das liebevolle Wirken des Heiligen Geistes in meinem Inneren hilft mir, durch seine große Liebe zu erkennen, wie arm ich an Seele und Geist bin. Dann stelle ich auch fest, dass meine Not geringer wird.

An einem Spätnachmittag sagte ein Mann, der zu einem Beratungsgespräch bei mir war, mit großer Wut: »Ich glaube, Ihre Entscheidung in dieser Sache war nicht richtig! Ich stelle die Richtigkeit Ihrer Schlussfolgerung in Frage. Sie gefällt mir ganz und gar nicht.« Es war für mich ein sehr schmerzlicher Prozess gewesen, zu dieser Entscheidung zu gelangen. Aber nach viel Gebet und Abwägen der verschiedenen Möglichkeiten war ich zu der Überzeugung gelangt, dass sie richtig gewesen war. Ich verstand die Konflikte, die meine Entscheidung im Herzen dieses Mannes hervorgerufen hatte, aber in unseren früheren Gesprächen hatte er nie etwas dagegen gesagt.

»Natürlich müssen Sie selbst Ihre Schlussfolgerungen ziehen«, hatte ich erwidert. »Sie fragten mich nach meiner Meinung, und ich habe sie Ihnen gesagt.« Seine plötzliche Verärgerung überraschte mich. Obwohl ich im Hinblick auf seine Entscheidung ein gewisses Unbehagen empfand, wusste ich, dass er sich entscheiden musste, das Richtige zu tun. Diese Entscheidung konnte ich ihm nicht abnehmen.

Mehrere Tage vergingen. Ich merkte, dass mich sein Gefühlsausbruch sehr ungeduldig gemacht hatte. Als ich mit Gott allein war, erkannte ich seine innere Verletzung, die seine Wut bewirkt hatte. Als ich eines Morgens vor meiner Bibel saß, sagte der Heilige Geist zu mir: »Margaret, dieser Mann hat aus einer inneren Verletzung heraus gesprochen, aber deine Reaktion war auch nicht richtig. Sie war voll Stolz und Ungeduld. Im Grunde warst du genauso sehr im Unrecht wie er.«

Mit einem Mal erkannte ich, dass ich eine Verteidigungshaltung eingenommen hatte. Obwohl ich viel Zeit mit Gott verbracht hatte, war ich erst zwei Wochen nach diesem Ereignis bereit, mir von ihm etwas sagen zu lassen und mir die Augen über mich selbst zu öffnen. Aber als Gott durch sein Wort zu mir sprach und es mir durch den Heiligen Geist offenbarte, wurde mir geholfen. Ich bereute mein Fehlverhalten zutiefst und bekannte vor Gott, dass ich selbst genauso verletzt war wie jeder andere. Ich überwand meinen Stolz und bekannte ehrlich meine Schuld, dass ich diesem Mann gegenüber ungeduldig und wütend gewesen war.

Was wir dazu tun müssen

Wenn wir anfangen, regelmäßig Gottes Gegenwart zu suchen, brauchen wir auf dem Gebiet, in dem unser größtes Defizit liegt, die meiste Hilfe. Damit will ich sagen, dass wir unseren tatsächlichen Zustand nicht richtig einschätzen können. Wir erkennen nicht, wie sehr wir die Hilfe des Heiligen Geistes brauchen. Das ist auch gut so, denn in diesem frühen Stadium wären wir überfordert, wenn wir unsere ganze eigene Not auf einmal sehen würden. Je länger wir in seiner Gegenwart sind, umso mehr erkennen wir, dass wir ihn brauchen, und umso offener werden wir für ihn. Deshalb ist auch der Anfang unserer Zeit mit Gott am schwersten. Denn wir haben das Gefühl, alles selbst bestens im Griff zu haben. Wir haben Angst davor, loszulassen, und wir sind es nicht gewohnt, unser Leben in engem Kontakt mit dem Heiligen Geist zu führen.

1. *Wir müssen uns Gott öffnen und bereit sein, uns von ihm lehren zu lassen.* Im Buch der Sprichwörter lesen wir: »Verlaß dich nicht auf deinen Verstand, sondern setze dein Vertrauen ungeteilt auf den Herrn. Denk an ihn bei allem, was du tust; er wird dir den richtigen Weg zeigen. Halte dich nicht selbst für klug und erfahren« (Spr 3,5-7).

Wir haben wirklich den größten Lehrer der Welt. Aber wenn wir so sehr mit uns selbst beschäftigt sind, dass wir nicht bereit sind, ihm den Zugang zu unserem Leben zu öffnen, werden wir nichts von den großartigen Dingen lernen, die er uns lehren will.

Ich habe in diesem Buch ein Wort wiederholt benutzt. Es ist der Schlüssel dafür, dass wir bereit und offen werden, uns vom Heiligen Geist lehren zu lassen. Dieses Wort ist »Erlauben«. Ich habe dieses Wort jedes Mal benutzt, wenn ich davon sprach, dass wir dem Heiligen Geist erlauben müssen, der zu sein, der er ist.

Mutter Teresa, die in den Elendsvierteln von Kalkutta Jesus diente, forderte uns auf, »Gott die Erlaubnis zu geben«, für jeden von uns all das zu sein, was er selbst ist.

Je enger unser Kontakt zum Heiligen Geist ist, umso mehr spüren wir seine Gegenwart, an uns zu wirken und uns die Kraft zu geben, damit wir erkennen, wie dringend wir ihn brauchen. Er hat viel Mitgefühl mit uns und lässt nicht zu, dass wir am Boden zerstört sind, wenn wir unsere eigene Not immer deutlicher erkennen.

Beginnen Sie dort, wo Sie gerade stehen und in dem Maß, in dem Sie dazu fähig sind, sich vom Heiligen Geist lehren zu lassen. Der Heilige Geist ist schon lange schweigend in Ihnen am Wirken, aber nur in dem Maß, in dem Sie es ihm gestattet haben. Er hilft Ihnen immer mehr, sich ihm, Ihrer Hilflosigkeit, Ihrer Leere zu stellen. Die großen Heiligen der Geschichte haben uns gelehrt, dass er uns unsere Bedürftigkeit bewusst macht, damit wir uns ihm öffnen.

Ich glaube, unser Geist ist so angelegt, dass er Gott gegenüber offen sein kann, damit wir eine möglichst befriedigende Beziehung zu ihm aufbauen können.

2. *Wir müssen anfangen, vor Gott still zu werden und zu warten.* Wir betreten ein völlig neues Gebiet. Wir können zuhören, antworten und empfangen. Das geschieht nicht aus unserer Persönlichkeit oder der Macht unseres eigenen Willens heraus. Es geschieht aus unserem menschlichen Geist heraus. Wir müssen den Heiligen Geist demütig bitten, uns zu lehren, wie wir still auf Gott warten und ihm erlauben können, uns seine Gegenwart erkennen zu lassen. Dazu brauchen wir offene Ohren, denn er will, dass in unserer Beziehung alles von ihm ausgeht (Jes 40,28-31).

Viele Christen meinen, die Zeit mit Gott sollte in einem fast pausenlosen Redefluss bestehen, mit dem wir auf ihn einreden. Hinter einem großen Teil unseres ständigen Einredens auf Gott ist unser Gefühl, dass er unseren Standpunkt verstehen und es so machen muss, wie wir es uns vorstellen. Wir meinen, wir müssten ihn überreden, so zu handeln, wie es am besten ist. Wir glauben, wenn unsere eigenen Anstrengungen und unser eigener Wille stark genug wären, müsste er sich unserer Denkweise beugen.

Wir leben in einer Zeit, in der der seelische Bereich überbetont wird; unsere Gefühle, unser Denken, unser Wille beherrschen uns. Wir sind in den verschiedensten Fertigkeiten ausgebildet und kompetent, und wir meinen, diese weltlichen Stärken müssten wir auch in unsere Zeit mit Gott einbringen. Unser menschlicher Erfolgsdrang gibt uns Sicherheit; er ist uns vertraut. Unsere Talente und unsere Fertigkeiten sagen: »Tu dies und tu das; übernimm diese oder jene Aufgabe und erledige sie.« Wir verlassen uns auf uns selbst, machen alles selbst und sind zutiefst unabhängig oder noch schlimmer: nur von uns selbst abhängig.

Wir sind es gewohnt, aus unserem besten menschlichen Urteilsvermögen heraus alles an uns zu reißen, aber wir wollen nichts davon hören, wirklich von dem Gott, der in uns lebt, abhängig zu sein, und das nicht einmal in den Kreisen, in denen man es wirklich ernst mit der Nachfolge Jesu meint! Man erwartet von uns, dass wir aus einer menschlichen Reife heraus handeln und uns noch dazu mit dem Segen Gottes versehen lassen.

Dem Geist Jesu in uns zu erlauben, aktiv zu werden, bedeutet, dass wir aufhören zu reden und den Heiligen Geist im Stillen bitten, uns zu lehren, still zu sein und auf ihn zu hören. Jeden Tag warten wir geduldig darauf, dass er den ersten Schritt auf uns zugeht (Spr 8,34-36).

Die Kraft unserer eigenen Anstrengungen und unseres eigenen Willens machen es schwer, ja fast unmöglich, einen niedrigen Platz vor ihm einzunehmen; aber der Heilige Geist belohnt jede Geste, in der wir uns in unserem geistlichen Leben ihm unterordnen (Jes 25,9). Das öffnet uns die Augen für ein wichtiges geistliches Gesetz: In demselben Maß, in dem ich mich in meiner Gebetsecke ihm unterordne, werde ich auch im Beisein von anderen ihm untergeordnet sein.

Wenn ich vor Gott still werde und warte – ob ich nun mit Hilfe des Heiligen Geistes über eine Bibelstelle nachdenke oder schweigend auf Jesus schaue, der durch den Heiligen Geist in mir lebt –, erteile ich all meinen eigenen Wünschen und meinen eigenen Mitteln menschlicher Kontrolle eine Absage. Wer vor Gott still wird und wartet, sagt damit: Ich bin hilflos und kann nichts aus eigener Kraft heraus tun. Selbst etwas von ihm zu empfangen bedeutet, dass er mir das gibt, was er mir geben will (Ps 145,15-19), und ich empfange es mit Dankbarkeit.

Paulus sagte: »Täglich sehe ich dem Tod ins Auge« (1 Kor 15,31). Vor Gott still zu werden und zu warten, ist eine Art, sich von unserer Konzentration auf uns selbst und von unserer Eigenliebe abzuwenden und zu den Dingen Nein zu sagen, die unsere Gefühle und unser Denken vielleicht fordern. Vor Gott still werden und warten heißt uns einer unsichtbaren, aber trotzdem sehr realen Person zu öffnen. Er lehrt uns, auf ihn zu schauen. »Wir alle sehen mit unverhülltem Gesicht die Herrlichkeit des Herrn wie in einem Spiegel. Dabei werden wir selbst in sein Bild verwandelt und bekommen mehr und mehr Anteil an seiner Herrlichkeit. Das bewirkt der Herr durch seinen Geist« (2 Kor 3,18).

Wollen Sie anfangen, sich fünf oder zehn Minuten pro Tag Zeit zu nehmen, um ganz bei Gott zu sein, um ihm Ihre ungeteilte Aufmerksamkeit zu schenken? Damit folgen Sie dem Beispiel großer Frauen und Männer des Gebets.

Kapitel 5

Auf Gott warten

*»Mein Volk rennt in den Untergang,
weil es den rechten Weg nicht kennt«
(Hos 4,6).*

Vor einigen Jahren saß ich in meiner Gebetsecke und hatte gerade den Ehrfurcht gebietenden Bericht in Offenbarung 7,9-17 gelesen, in dem Jesus als der Herr über alles geschildert wird. Alle Nationen, Stämme, Völker und Sprachen erscheinen vor ihm, beten ihn an und singen ihm Loblieder.

Diese machtvolle biblische Szenerie wird irgendwann in der Zukunft zu einer Zeit, die nur Gott allein kennt, geschehen. Als ich diese Worte las, verbeugte ich mich tief vor ihm und betete ihn als Herrn über alles und über mich an! Ich lobte unseren siegreichen, auferstandenen und triumphierenden Herrn aller Herren und betete ihn an.

Er ist wirklich viel höher, als wir begreifen können. Das Ausmaß seiner Königsmacht können wir nicht mit menschlicher, äußerer Weisheit verstehen, sondern nur durch den Heiligen Geist, der in uns wohnt. Wenn wir in der Bibel lesen, zieht er von Zeit zu Zeit den Vorhang ein Stück zurück und ermöglicht uns einen größeren Blick auf seine göttliche Herrschaft. Viele von Ihnen haben diesen erhebenden Blick geschenkt bekommen und konnten Jesus als den Herrn über alles sehen. Der Heilige Geist offenbart uns Jesus in immer größerem Maße, damit wir erahnen können, welche Stellung er als Gottes Sohn innehat.

Ich betete ihn mit großer Liebe im Herzen an und lobte seinen Namen. Als es in meinem Herzen ruhiger wurde, hörte ich den Heiligen Geist etwas Unerwartetes sagen. »Margaret, du wirst dich eines Tages wirklich vor ihm verbeugen, aber im Augenblick sollst du dir Jesus nicht nur außerhalb von dir selbst vorstellen. Er durchdringt alles und du sollst immer mehr begreifen, dass Vater, Sohn und Heiliger Geist in dir leben.«

Der Beistand, der Heilige Geist, erinnerte mich schnell an Jesu Worte: »Er wird *bei* euch bleiben und *in* euch leben« (Joh 14,17; Hervorhebung durch die Verfasserin). Ein paar Sätze später fügt er hinzu: »Wer meine Gebote annimmt und sie befolgt, der liebt mich wirklich. Und wer mich liebt, den wird mein Vater lieben. Auch ich werde ihn lieben und *ihm meine Herrlichkeit offenbaren*« (Joh 14,21; Hervorhebung durch die Verfasserin). Weiter sagt er: »Wer mich liebt, wird sich nach meinem Wort richten; dann wird ihn mein Vater lieben, und *wir werden zu ihm kommen und bei ihm wohnen*« (Joh 14,23; Hervorhebung durch die Verfasserin).

Diese Worte des Heiligen Geistes waren völlig unerwartet und überraschend für mich. Andere Bibelstellen kamen mir in den Sinn, wie etwa folgende: »*Ich trage diesen Schatz in einem ganz gewöhnlichen, zerbrechlichen Gefäß*. Denn es soll deutlich sichtbar sein, daß das Übermaß an Kraft, mit dem ich wirke, von Gott kommt und nicht aus mir selbst« (2 Kor 4,7; Hervorhebung durch die Verfasserin). »Durch *ihn* leben wir doch, regen wir uns, sind wir« (Apg 17,28; Hervorhebung durch die Verfasserin). »Christus *mitten unter euch*, gerade euch! Das bedeutet die sichere Hoffnung, daß Gott euch Anteil gibt an seiner Herrlichkeit!« (Kol 1,27; Hervorhebung durch die Verfasserin). »Ich bin mit Christus am Kreuz gestorben. Darum lebe nun nicht mehr ich, sondern *Christus lebt in mir*« (Gal 2,19-20; Hervorhebung durch die Verfasserin).

Das Wort Gottes erfüllte mich und schenkte mir eine neue Erkenntnis. Er ist *in* dem, der an Jesus Christus glaubt! *In mir!* Er lebt in meinem menschlichen Geist, er will mich nie verlassen, nie im Stich lassen. Er ist immer gegenwärtig und lebendig in mir. Gott selbst lebt in seinem Volk! Ich begriff, dass ich mich viel zu sehr darauf konzentriert hatte, dass Gott außerhalb von mir lebt, und nicht so sehr darauf, dass er in mir lebt.

Selbstverständlich müssen wir uns bewusst sein, dass er auf herrliche Weise außerhalb jedes geschaffenen Gegenstandes und

Wesens ist. Aber das Wunderbare und Faszinierende an Emanuel, Jesus, ist, dass er auch in das Innere des menschlichen Herzens und Lebens einzieht, damit wir Gemeinschaft miteinander haben und eine Beziehung zu ihm eingehen können (1 Kor 6,17).

Jetzt sind wir beim Kern dessen angelangt, worum es in diesem Buch geht: Wie wir mit dem Heiligen Geist, der unser Bindeglied zu Jesus und dem Vater ist, in Berührung kommen können. In der Bibel bekommen wir eine Wegbeschreibung, eine Anleitung, wie wir Gottes Freund werden können. Sie lautet: Vor Gott still werden und warten. Dieses Verhaltensmuster finden wir schon vor der Erschaffung der Welt bei dem dreieinigen Gott: bei dem gemeinsamen Handeln war es wichtig zu hören, zu warten und aufeinander einzugehen (Joh 16,13-15; Apg 2,32-33). Warten ist der Schlüssel zu einem Leben mit Gott. Er will uns mit großer Liebe lehren, seine Stimme zu erkennen (Joh 10), seine Person zu genießen (Joh 15,15), seine Gnade und Barmherzigkeit zu empfangen und ihm zu antworten, wenn er unsere Bedürfnisse stillt (1 Joh 3,1-2). Während wir vor Gott warten, lehrt er uns, still zu sein und auf den Geist, der in uns wohnt, zu hören und zu reagieren. Er spricht in unserem Herzen und durch sein geschriebenes Wort, die Bibel (Jes 30,15).

In seinem faszinierenden Buch *Waiting on God* beschreibt Andrew Murray das so: »Auf Gott zu warten ist ein tiefes Hören, ein Stillsein, das das Gebet umgibt.« Murray erklärt weiter, dass Warten nicht das Gebet an sich ist, sondern dass es bedeutet, Gott zu erlauben, uns zu antworten, wenn wir gebetet oder mit ihm gesprochen haben.

In keiner Sprache gibt es die richtigen Worte, um die Freude und den Frieden zu beschreiben, den ich und viele andere, die ich kenne, immer wieder erfahren, wenn wir in unseren persönlichen Gebetsecken ruhig werden, warten und ihm unser Ohr öffnen. Wir sprechen nicht nur mit Gott, sondern erlauben ihm auch, zu uns zu sprechen, so dass ein richtiges Gespräch entstehen kann.

Das, was wir in unserem geistlichen Leben am dringendsten benötigen, ist es, vor Gott still zu werden und zu warten. Ohne ein stilles Warten auf Gottes Sprechen kann es nie ein Gespräch geben, bei dem beide Seiten zu Wort kommen.

Was Gott dazu tut

Das, was wir beitragen müssen, und das, was Gott tut, ist eng miteinander verknüpft. Dabei versucht er ständig, uns zu helfen, unseren Teil zu einer guten Beziehung zu ihm beizutragen. Es ist unmöglich, nur von einer Seite zu sprechen. Auf Gottes Sprechen zu warten bedeutet, dass wir das Heft aus der Hand geben müssen. Wir sollten vielmehr eine untergeordnete und ehrerbietige Haltung einnehmen und somit die demütige Atmosphäre schaffen, die nötig ist, damit er sich in unserem Geist offenbaren kann. Menschlich gesprochen, spielen unsere Gefühle und unser Intellekt eine so starke, dominante Rolle, dass wir, selbst wenn wir zu Gott kommen, ihm unbewusst verbieten, sich in unserem Inneren zu offenbaren. Unser Stolz und unsere Selbstgenügsamkeit sind so vorherrschend, dass sie ihn nicht zu Wort kommen lassen. Wenn er tatsächlich anfängt, in uns Raum zu gewinnen, sind wir zu unruhig und hektisch, um ihn wahrzunehmen, oder wir haben zu viel Angst, um ihm zu erlauben, sich zu offenbaren.

Das Verhalten des Propheten Elia, das im 1. Buch der Könige beschrieben wird, unterstreicht, was ich damit meine. Elia war erst in der Lage, Gott in seiner leisen, unaufdringlichen Stimme sprechen zu hören, als der große und starke Wind, der die Felsen erschütterte, vorübergezogen war. »Aber der Herr war nicht im Sturm ... Aber der Herr war nicht im Erdbeben ... Aber der Herr war nicht im Feuer. Als das Feuer vorüber war, kam ein ganz leiser Hauch« (1 Kön 19,11-13).

1. *Er lässt sich gern von uns erkennen.* Unser Gott kommt gern; er will in seiner ganzen Schönheit in uns Raum bekommen, in uns leben. Erst wenn wir lang genug gewartet haben, um ruhig zu werden und uns für ihn zu öffnen, fängt er an, so an uns zu wirken, wie wir es uns ersehnen. Wenn es so scheint, als käme er nicht, liegt das nicht an ihm, sondern an uns. Wichtig ist, dass wir in dieser ersten Zeit, in der wir oft hin und her gerissen sind, nicht aufgeben. Dann wird unsere Bereitschaft, ihm Raum zu geben, immer mehr wachsen.

Eine junge Frau aus unserer Gebetsgruppe erlebte neulich eine Begegnung mit Jesus, die ihr Leben veränderte. Wir saßen still in der Gegenwart Jesu zusammen. Als sie ruhig und aufnahmebereit für seine Liebe war, berührte er sie mit einer unvorstellbaren, bedingungslosen Liebe, die ihr Herz erfüllte und tröstete. Selbst ihr Gesicht hatte sich verändert.

2. *Es ist ihm eine Freude, jeder unserer Nöte zu begegnen.* Wir können uns gar nicht vorstellen, wie sehr er sich danach sehnt, uns auf jede nur erdenkliche Weise zu helfen! Er begegnet jeder menschlichen Not und jeder geistlichen Not, wenn wir lernen können, mit ihm zusammenzuarbeiten (Jes 49,10). Er will uns von ganzem Herzen lieben. Er sehnt sich danach, unser Bedürfnis nach Liebe so zu stillen, dass wir nie wieder zu unserem früheren Lebensstil zurückkehren wollen (1 Joh 4,16). Er möchte uns führen und uns den richtigen Weg zeigen (Jes 30,21). Er freut sich, wenn er unsere Einstellung und unsere Veranlagung ändern darf (Eph 4,24).

Jede Zeit, die wir Gott geben, bekommen wir auf vielfältige Weise zurück. Die große Tragödie, die wir alle während des Wartens erleben, besteht darin, dass viele unserer tiefen Nöte nicht gestillt werden, weil wir die Bedeutung dieser Zeit allein mit ihm unterschätzen.

Wenn ich an diese Menschen denke, die inmitten größter Schwierigkeiten mit einem Strahlen in den Augen leben, kommt mir eine ältere Frau in unserer Gebetsgruppe in den Sinn. Durch ihr Warten in der Gegenwart Gottes bekommt sie sowohl körperlich als auch geistlich viel Kraft. Jeden Tag ihres Lebens empfindet sie in diesen beiden Bereichen eine große Not. Diese Not wird in der Gegenwart Jesu durch den Heiligen Geist gestillt. Diese Frau ist ein einziges Wunder. Dadurch, dass sie sich täglich viel Zeit in der Gegenwart Gottes nimmt, erfährt meine Freundin die Kraft des Heiligen Geistes. Mit ihrer Not und ihren Bedürfnissen steht sie nicht allein da. Jeder von uns hat diese Nöte. Die Hilfe, die sie gefunden hat, steht jedem Menschen offen.

Ich glaube, alle christlichen Denominationen und Gemeinden konzentrieren sich sehr stark auf die sofort sichtbaren Gnadenakte: Wiedergeburt, Taufe, die Erfüllung mit dem Heiligen Geist. Dabei haben wir es versäumt, das Warten in Gottes Gegenwart, und zwar nicht nur einmal am Tag, sondern jeden Augenblick, wie wir es in der Bibel finden, zu lehren! Ich fürchte, wir haben es uns mit dem großen Geheimnis darüber, dass Jesus in unserem Inneren lebt, zu einfach gemacht, so dass es mit den vielen Bibelstellen, die davon sprechen, dass wir gereinigt und in das Bild Jesu verwandelt werden müssen, nicht wirklich in Einklang steht. Wir verbringen schlicht und einfach nicht genug Zeit in Gottes Gegenwart oder mit der Bibel. Deshalb kann diese Veränderung nicht stattfinden. Zeit und regelmäßiges Einüben des Hörens auf Gott sind der Schlüssel dazu, Gottes Gegenwart zu erfahren.

Es kostet vielleicht nicht viel Zeit, Jesus als unseren Erlöser anzunehmen. Aber weil wir die Schwelle in ein neues Leben überschritten haben, heißt das noch lange nicht, dass wir in unserem ganzen Charakter und unserer Persönlichkeit mit Jesus eins sind. Wir brauchen viel Zeit in seiner Gegenwart, um so zu sein wie er. Viele sind der Meinung, es genüge, ein paar Mal gute Erfahrungen damit gemacht zu haben, dass man in Gottes Gegenwart gewartet hat. Aber in Wirklichkeit sind viele solcher Erfahrungen nötig. Der Heilige Geist ist entschlossen, das Leben Jesu zu dem wichtigsten Aspekt unseres Charakters zu machen. Das geschieht nicht ohne Schmerzen für unsere fleischliche Natur, die ihr starkes Bedürfnis, alles selbst zu kontrollieren, nicht aufgeben will.

Im Wort Gottes sprechen viele Bibelstellen vom Warten auf Gott und von seinem aktiven Eingreifen in unser Leben. Im Folgenden sind sechs der bekanntesten Bibelstellen dazu aus dem Alten und aus dem Neuen Testament aufgeführt:

Altes Testament

Psalm 130,5-6:
»Ich setze meine ganze Hoffnung auf den Herrn, ich warte auf sein helfendes Wort. Ich sehne mich nach dem Herrn mehr als ein Wächter nach dem Morgengrauen, mehr als ein Wächter sich nach dem Morgen sehnt.«

Sprichwörter 8,34-35:
»Wie glücklich sind alle, die mir zuhören, die jeden Tag vor meinem Haus stehen und an meinem Tor auf mich warten.

Alle, die mich finden, finden das Leben, und der Herr hat Freude an ihnen.«

Jesaja 40,28-31:
»Habt ihr denn nicht gehört? Habt ihr nicht begriffen? Der Herr ist Gott von Ewigkeit zu Ewigkeit, seine Macht reicht über die ganze Erde; er hat sie geschaffen! Er wird nicht müde, seine Kraft läßt nicht nach; seine Weisheit ist tief und unerschöpflich. Er gibt den Müden Kraft, und die Schwachen macht er stark. Selbst junge Leute werden kraftlos, die Stärksten erlahmen. Aber alle, die auf den Herrn vertrauen, bekommen immer wieder neue Kraft, es wachsen ihnen Flügel wie dem Adler. Sie gehen und werden nicht müde, sie laufen und brechen nicht zusammen.«

Neues Testament

Matthäus 11,28-30:
»Kommt alle zu mir; ich will euch die Last abnehmen! Ich quäle euch nicht und sehe auf niemand herab. Stellt euch unter meine Leitung und lernt bei mir; dann findet euer Leben Erfüllung. Was ich anordne, ist gut für euch, und was ich euch zu tragen gebe, ist keine Last.«

Apostelgeschichte 13,2:
»Als sie einmal für einige Zeit fasteten und sich ganz dem Gebet widmeten, sagte ihnen der Heilige Geist: Gebt mir Barnabas und Saulus für die besondere Aufgabe frei, zu der ich sie berufen habe.«

2. Korinther 3,18:
»Wir alle sehen mit unverhülltem Gesicht die Herrlichkeit des Herrn wie in einem Spiegel. Dabei werden wir selbst in sein Bild verwandelt und bekommen mehr und mehr Anteil an seiner Herrlichkeit. Das bewirkt der Herr durch seinen Geist.«

An diesen Bibelstellen sehen wir, dass Gott eine herzliche Einladung an uns ausspricht, zu ihm zu kommen. Der Vater verspricht uns, dass er immer für seine Kinder da ist.

3. *Er vertieft unsere Fähigkeit, immer mehr von ihm zu empfangen*. Je fähiger wir werden, ihn aufzunehmen, umso mehr kann er geben. Nur er kann unsere Fähigkeit zu empfangen ändern, je mehr wir Tag für Tag lernen, in immer größerer Offenheit in seiner Gegenwart zu warten. Vor Gott still zu werden und zu warten heißt nicht, dass wir nicht reif werden; die Reife kommt »nach und nach« (Ex 23,30). Der Heilige Geist hilft uns, uns innerlich zu entspannen, und wir fühlen uns immer wohler, je länger wir mit ihm unterwegs sind.

Er ist bereit, in uns zu wirken, wenn wir in seiner Gegenwart still werden. »Alle Welt werde still vor dem Herrn, denn er kommt aus seiner heiligen Wohnung« (Sach 2,17). Diese Bibelstelle verspricht, dass er in uns wohnen will. Der Heilige Geist lehrt uns, ihn immer besser kennen zu lernen und ihn ohne Furcht und Unsicherheit in unserem Inneren wirken zu lassen. Unsere Aufgabe dabei ist es, »ihm unsere ungeteilte, liebevolle Aufmerksamkeit« zu schenken, wie die großen Heiligen sagen. Durch diese Art von Unterordnung kann er immer mehr die Herrschaft in unserem Inneren antreten. Die Liebe zu ihm wächst in unseren Herzen. Wir können zu ihm aufblicken und uns begeistert auf unsere gemeinsame Zeit freuen.

Ich möchte noch zwei abschließende Gedanken zu dem, was Gott für uns tut, anbringen. Erstens: Wir werden gereinigt, wenn wir ihn sehen (1 Joh 3,2). Die Bibel lehrt uns, dass wir von allem Schmutz an unserem Körper und in unserem Geist gereinigt werden müssen (2 Kor 7,1). Viel von dieser inneren Reinigung geschieht, wenn wir unseren Lebensstil ändern und uns wirklich vor Gott demütigen und lernen, vor ihm still zu werden und zu warten.

»Es gibt eine göttliche Person – wir wollen vor ihm das Haupt beugen und ihn anbeten – den Heiligen Geist, der vom Vater kommt. Er ist es, der uns in unserem Geist und in unseren Gedanken ändert«, schrieb Charles Spurgeon. »Wenn man an Jesus glaubt, zieht der Geist in unser Herz ein und schafft darin neues

Leben. Dieses Leben kämpft mit dem alten Leben oder vielmehr mit dem alten Tod. Durch diesen Kampf gewinnt das neue Leben an Kraft und wächst. Es überwindet das Böse und sagt unserer Neigung zu sündigen den Kampf an. Fühlen Sie diesen Geist in sich? Entweder Sie stehen unter seiner Macht oder Sie müssen sterben. Wenn ein Mensch nicht den Geist Christi hat, gehört er nicht zu ihm. Sie sollten aber nicht meinen, im Tod würde in einem letzten feierlichen Augenblick alles auf wunderbare Weise für uns gelöst werden. Wir sollen in diesem Leben eine Aufgabe suchen, die ihn ehrt; eine Aufgabe, die uns jetzt in Anspruch nimmt und die unseren Charakter formt.«[5]

Zweitens, die Botschaft, die heute oft vergessen wird: Eine Freundschaft mit Gott ist möglich, wenn wir täglich eine gewisse Zeit mit seinem geschriebenen Wort verbringen und lernen, auf das Fleisch gewordene Wort Gottes zu schauen (2 Kor 3,18).

Was wir dazu tun müssen

Gott ist gern bereit, uns zu helfen. »Nur die können zu mir kommen, die der Vater, der mich gesandt hat, zu mir führt«, sagte Jesus (Joh 6,44). Seine Gnade und seine Liebe stehen hinter jedem Schritt, den wir auf ihn zugehen. Sobald wir uns auch nur leicht in seine Richtung bewegen, wendet er sich sofort uns zu. Er kommt uns mit bedingungsloser Liebe und Gnade entgegen. Niemand ist so wie Jesus! Er hält ständig nach jeder noch so schwachen Reaktion von unserer Seite Ausschau. Er umspannt unser Leben mit seiner wunderbaren Liebe. Wir müssen seine Liebe zu uns nicht erst mühsam suchen.

Was müssen wir dazu tun?

1. *Wir müssen Gott die Ehre geben und einen unbedeutenderen Platz einnehmen.* Wir meinen oft, wenn Gott ein Mensch aus Fleisch und Blut wäre, fiele es uns leichter, mit ihm zu sprechen. Aber selbst wenn er aus Fleisch und Blut wäre, wie Jesus es war, könnte diese Beziehung trotzdem nur auf seine Weise gelingen. Unser aggressives, eingebildetes, schwaches Fleisch, unser übergroßes Ego und unsere Persönlichkeit müssten sich trotz allem

unterordnen. Unser Ich müsste immer noch vor ihm still und demütig werden, damit er sich unser annehmen könnte. Es geht darum, die Unterordnung zu lernen, die in unserer täglichen Zeit mit Gott nötig ist. Worte wie Demut und Sanftmut sind heute fast unbekannt, aber genau das ist es, was Jesus will. Die Blockaden und der Widerstand gegenüber Gott stecken bei jedem von uns tief. Nur wenn wir lernen, uns unterzuordnen, wie der Heilige Geist es uns in unserer gemeinsamen Zeit lehrt, können wir diese Blockaden niederreißen.

2. *Wir müssen die Kontrolle aus der Hand geben, damit alles von ihm ausgehen kann.* Vor Gott still zu werden und zu warten, ist das Schwerste, was man tun kann, aber gleichzeitig auch das Aufregendste. Warum ist es so schwer, auf Gott zu warten? Weil wir nicht wissen, wie wir leben sollen, ohne die Kontrolle über alles zu haben. Wir leben in einer Gesellschaft, in der wir nicht mehr auf irgendetwas warten müssen, in der wir alles fast sofort zur Verfügung haben. Dieser Lebensstil, sich alles sofort erfüllen zu können, beraubt uns um den Wert des Wartens. Wir können überhaupt nicht mehr schätzen, was alles nötig ist, ehe etwas geschehen kann: die Abhängigkeit von anderen und das Erkennen unserer eigenen Grenzen. Wir verlassen uns viel zu sehr auf uns selbst und unternehmen selbst viele Anstrengungen. Mit dieser Haltung beeinflussen wir alles, was wir tun und sagen. Besonders tritt diese Haltung zum Vorschein, wenn wir versuchen, uns Gott zu nähern. Irgendwie meinen wir, alles läge an uns und wir müssten diese tägliche Gemeinschaft mit Gott produzieren.

Aber es liegt nicht an uns. Unsere Aufgabe ist es, für jeden Schritt, den er auf uns zugeht, offen zu sein. Hatten Sie schon einmal mitten am Nachmittag einen solchen Hunger, dass Sie an einen Automaten oder zu einem Imbissstand gingen und irgendetwas in sich hineinschlangen, nur um Ihren Hunger zu befriedigen? Waren Sie sich dabei im Klaren darüber, dass zu Hause schon eine gute Mahlzeit auf Sie wartete? Wenn wir die Kontrolle übernehmen und bei den ersten Anzeichen von Hunger, die unser Körper signalisiert, essen, bringen wir uns selbst um die große, andauernde Befriedigung, die uns eine regelmäßige Mahlzeit schenkt. Der Imbiss verdirbt unseren Appetit auf das richtige Essen, das gut für unseren Körper ist.

Genauso wie ein schneller Imbiss eine gute Mahlzeit verderben kann, verdirbt unsere Selbstgenügsamkeit und unser weltlicher Wunsch nach sofortiger Befriedigung unsere Zeit am himmlischen Festtisch (Ps 106,13). In unserer täglichen Stunde mit Gott fangen wir an zu lernen, die Kontrolle aus der Hand zu geben; stattdessen bitten wir den Heiligen Geist, die Leitung zu übernehmen. »Heiliger Geist, wie kann ich es machen, dass ich dir nicht mehr im Weg stehe? Was soll ich in dieser Zeit mit dir tun? Soll ich die Bibel aufschlagen und lesen? Soll ich still auf Jesus schauen?« Eine junge Frau erzählte mir neulich, dass sie dem Heiligen Geist sagt: »Ich übergebe dir das Klemmbrett und meinen Tagesplan!«

Für unseren unstillbaren Drang nach Kontrolle, den wir auch dann noch haben, wenn wir auf Gottes Reden warten, ist es ein Schock, wenn wir feststellen: Das, was wir selbst als armseliges, erfolgloses Warten bewerten, bei dem noch dazu oft unsere Konzentration abgelenkt wird oder unsere Seele und unser Geist nicht zur Ruhe kommen können, ist gerade deshalb hilfreich, weil wir nicht die Kontrolle in der Hand haben. Unsere Armut und Unzulänglichkeit werden während dieser Zeiten sichtbar, und wir sehen uns so, wie wir wirklich sind. So schmerzlich sie auch sein kann, ist eine solche Zeit in Wirklichkeit eine gute Zeit. Denn wenn wir zu Gott rufen, kommt er zu uns. »Je schwächer du bist, desto stärker erweist sich an dir meine Gnade« (2 Kor 12,9-10).

Paulus fragte: »Wer bist du, Herr?« (Apg 9,6). Vorher hatte Paulus die Kontrolle gehabt. Gott musste ihm erst den Boden unter den Füßen wegziehen. Er musste erst mit dem Gesicht in den Staub fallen. Gott musste ihn von seinem hohen Ross herabholen, ehe Paulus sagte: »Ich werde tun, was du von mir willst!«

Jesus konnte in Paulus nichts ausrichten, solange er nicht von seinem hohen Ross heruntergeholt und mit Unglück geschlagen wurde. Paulus war allein, blind und hungrig. Er betete und wartete drei Tage lang, bis Hilfe kam. Später nahm ihn der Heilige Geist jahrelang in der Wüste in die Schule (Gal 1,17-18). Paulus' Selbstsicherheit und seine fleischliche Entschlossenheit waren zu stark. Er ließ Gott keinen Raum. Es dauerte Jahre, bis Gott ihn in seinen Dienst stellte.

»Übernimm du die Führung. Ich will dir folgen!« Das war die Kernaussage von Paulus' Lebensübergabe an Jesus. Das sollten auch unsere Worte sein. Unsere tägliche Stunde mit Gott ist die Zeit, in der wir Gott bewusst die Führung überlassen und ihm nachfolgen. In unserer Zeit mit Gott müssen wir immer wieder das ablegen, was wir denken und meinen, tun zu müssen. Wir müssen dem Heiligen Geist erlauben, Herr über uns und Herr über diese Stunde zu sein. Er hat die Kontrolle, und wir müssen ihm erlauben, diese Kontrolle so auszuüben, wie er es für richtig hält. Nur einer kann die Leitung haben, und dieser Eine muss Gott sein! Wie kann er Herr unseres Lebens sein, wenn wir ihm nicht die vollständige Kontrolle über unsere tägliche gemeinsame Zeit übergeben?

»Aber«, stöhnen Sie jetzt vielleicht. »Das ist ja beängstigend. Was ist, wenn nichts passiert?«

Es ist besser, es passiert »nichts«, als dass Sie oder ich in die Bresche springen und versuchen, selbst dafür zu sorgen, dass etwas passiert. Wenn wir die Kontrolle an uns reißen, zwingt Gott uns nicht, die Kontrolle aus der Hand zu geben. Aber hinter dieser Haltung steckt gewiss nicht der Heilige Geist. Wir sprechen hier nicht von dem emotionalen Bereich, sondern davon, dass der Heilige Geist in unserem menschlichen Geist handelt. Jedes Mal, wenn wir versuchen, Gott zu zwingen, etwas zu tun, und dazu unsere Gefühle und unseren Verstand einsetzen, ist das nicht ein Wirken Gottes, sondern unser eigenes Tun.

Ich glaube wirklich, wenn wir ihm, so gut wir können, erlauben, uns zu führen, wird er uns führen. Dann werden wir immer stärker erleben, dass wir unsere Angst vor ihm loslassen können und davon befreit werden, und auch von der Angst vor uns selbst. Ohne eine besondere Zeit, in der wir ihn Herr sein lassen, kann unsere Fähigkeit, mit ihm eine Beziehung aufzubauen, nicht reifen. Sie bleibt auf der Stufe stehen, auf der sie war, als wir ihm das erste Mal begegneten. Wenn wir mit immer größerer Liebe, die aus den Jahren, in denen wir ihn kennen, gewachsen ist, ihn sehen und erkennen, wird es uns nicht schwer fallen, uns ihm immer mehr unterzuordnen. Unsere starke Konzentration auf uns selbst und unser Kreisen um uns selbst machen es uns schwer, vor Gott still zu werden und auf sein Sprechen zu warten. Ein anderes Hindernis, Gottes Stimme zu hören, ist es, dass wir so sehr mit uns selbst, mit unserer Familie, unserer Stadt und unserer Gemeinde beschäftigt sind, dass wir dabei ganz vergessen, dass Jesus für uns alle sorgt. Erst wenn wir anfangen, in einer täglichen stillen Zeit auf Jesus zu schauen, kann seine Liebe und Gegenwart in unser Kreisen um uns selbst und unsere Sorgen eindringen. Selbst das armseligste Warten, bei dem wir ständig abgelenkt werden und ohne eigenen Plan einfach dasitzen und auf Gott warten, gibt dem Heiligen Geist die Möglichkeit, unseren Blick allmählich von uns selbst weg auf ihn zu lenken! Er hilft uns immer mehr dabei, auf ihn zu schauen und nicht auf uns.

3. *Wir müssen unseren Perfektionismus und unseren Drang nach Leistung ablegen.* Vor Jahren fing ich an, in Gottes Gegenwart ruhig zu werden und auf sein Sprechen zu warten. Ich besaß damals die große Hoffnung, dass ich das perfekt machen könnte. Es erübrigt sich zu sagen, dass diese Hoffnung schnell zunichte gemacht wurde. Mein Warten war so armselig! Ich wies mehr Misserfolge als Erfolge auf. Aber der Heilige Geist half mir, nicht aufzugeben, sondern weiterzumachen. Ich stehe ihm zur Verfügung, aber nicht aus meiner eigenen Kraft. Ich glaube, ihm gefällt meine Ausdauer, die nur er mir schenken kann. Egal, wie ungenügend diese Zeit in meinen Augen ist, bewegt er sich trotzdem immer näher auf mich zu. Ich liebe ihn und danke ihm für seine unablässige Treue! Je hilfloser und hoffnungsloser ich wurde, umso mehr half mir dieser Zustand, ihm alles unterzuordnen, sobald ich die Wahrheit über meinen eigenen Zustand erkannte. Ich weiß, ich kann Gott nicht aus meiner eigenen Kraft angemessen dienen, aber es gibt Zeiten, in denen ich es trotzdem versuche!

Meine Zeit mit Gott ist nicht von mir abhängig, sondern von ihm. Wenn ich zu ihm komme, still werde und mich ihm öffne, wird unsere Freundschaft tiefer und er offenbart sich mir immer mehr. Unzählige Male verließ ich meinen Gebetsplatz mit dem Gefühl, meine Zeit vergeudet zu haben und absolut nichts als

Ergebnis vorweisen zu können. Man kann sich meine Überraschung bestimmt vorstellen, als ich es wieder einmal nicht geschafft hatte, mich so zu konzentrieren, wie ich sollte oder wollte, danach in die Küche ging und dort plötzlich Gott mit unglaublich liebevoller Stimme zu mir sprechen hörte.

Ein anderes Mal räumte ich mit dem Gefühl, vergeblich gewartet zu haben, die Geschirrspülmaschine aus, als ich ihn plötzlich sagen hörte: »Du hast noch 45 Minuten, bevor du zur Arbeit musst. Komm, fahren wir auf das Land hinaus.«

Seine Spontaneität ist so erfrischend. »Jesus, habe ich dich richtig verstanden? Das soll ich tun?«

»Natürlich, komm! Fahren wir.«

Diese halbstündige Fahrt werde ich nie vergessen. Sie kam, als ich in großer Not war und unter starkem Stress stand und nicht im Traum daran gedacht hätte, meine Zeit auf diese Weise zu verbringen. Der Nachmittag war eine Freude, weil Gott mir so nahe war und sich so liebevoll um mich kümmerte. Seine Gegenwart war real und tröstend.

Er ist immer da und er wird uns antworten. Die Zeit mit ihm lehrt uns auch, den ganzen Tag hindurch den Kontakt zu ihm nicht abzubrechen. Es liegt eine große Kraft darin, wenn wir täglich zu ihm kommen. »Nähert euch Gott, und er wird sich euch nähern« (Jak 4,8; Ex 16,4.13-15).

Wenn wir anfangen, dem Heiligen Geist und seinem Wirken unser Leben zu öffnen, werden wir oft mit ihm ringen. Unser eigener Wille ist so stark. Wir sind es gewohnt, die Dinge auf unsere Weise zu tun, und unser Fleisch weigert sich zu warten. Wenn Sie feststellen, dass Sie nicht stillsitzen und warten können, dann bitten Sie den Heiligen Geist, Ihnen zu helfen, in der Bibel zu lesen. Manchmal können wir es am Anfang oder in hektischen Zeiten nicht vermeiden, unsere Zeit des Wartens abzukürzen, aber wenn wir mit der Hilfe des Heiligen Geistes über Gottes Wort nachdenken, bleiben wir in der Gegenwart Gottes, wo er in uns wirken kann. Dabei darf man jedoch nicht vergessen, dass es leicht ist, sich hinter dem Bibellesen zu »verstecken« statt die Zeit mit hörendem Warten zu verbringen.

Ich möchte noch zwei abschließende Gedanken dazu sagen.

Erstens: Es gibt viele vom Vater geliebte Menschen, die an psychischen Erkrankungen leiden. Dieses Buch über das Wirken des Heiligen Geistes in unserem Inneren ist für Menschen gedacht, die psychisch mehr oder weniger stabil sind.

Zweitens: Dem Heiligen Geist zu erlauben, in uns zu leben, hat nichts mit Meditation im Sinne von New Age oder fernöstlichem Gedankengut zu tun. Wir sprechen hier von dem Versprechen des Vaters, das uns in der Bibel zugesagt ist: dem Heiligen Geist, der in das Herz eines Menschen einzieht und der dann, wenn wir ihm Zeit und Raum dafür geben, wie uns die Bibel anleitet, den obersten Platz in unserem Leben als Herr und Lehrer einnimmt.

In der Apostelgeschichte wird uns berichtet, dass der Heilige Geist zu der Gemeinde in Antiochia sprach und ihnen zeigte, was sie als Nächstes tun sollten (Apg 13,1-4). Der Heilige Geist möchte auch heute noch Christen helfen. Wir müssen dazu aber in seiner Gegenwart ruhig werden und auf sein Sprechen warten. Andrew Murray schreibt: »Lernt bei jeder Not und jedem Versagen zu sagen: Ich habe zu wenig auf Gott gewartet, denn sonst hätte er mir zu seiner Zeit alles gegeben, was ich brauche.«[6]

Kapitel 6

Die Verantwortung liegt bei dem Heiligen Geist

»In Gottes Gegenwart still werden und warten können wir nur, wenn wir uns unserer Abhängigkeit von Gott bewusst sind.«
Margaret Therkelsen

Wenn wir zu unserer täglichen Zeit mit Gott kommen, bringen wir eine Vielzahl menschlicher Erfahrungen mit. Wir dürfen alle Erfahrungen unseres Lebens zu ihm bringen, egal wie groß oder klein sie sind, wie schmerzlich oder angenehm, wie chaotisch oder eintönig.

Als ich anfing, vor Gott still zu werden und zu warten, zögerte ich, ihm einige Situationen zu bringen, weil ich mich für mein Verhalten schämte. Ich war wie ein kleines Mädchen, das seinen Eltern nur das sagen wollte, was es für unbedenklich hielt. Bei anderen Gelegenheiten war ich mir meiner Haltung, die ihn hinderte, in mir zu wirken, überhaupt nicht bewusst. Aber als er mir half, nicht locker zu lassen, und als seine Gegenwart in meinem Geist immer mehr Raum einnahm, fing ich an, mich leidenschaftlich darauf zu freuen, bei ihm zu sitzen, weil ich sah, dass ich alle Umstände und Situationen zu ihm bringen konnte. Das Beste, was ich in allen Situationen tun konnte, war aufzuhören, selbst loszulaufen und alles machen zu wollen, und einfach zu ihm zu gehen (Jes 55,1-3).

Der Heilige Geist, der in uns wohnt, ist viel treuer, als wir es ihm zutrauen. Er freut sich über jeden, der ihm die Türen zu seinem Inneren öffnet. Er fängt an, »in euch nicht nur das Wollen, sondern auch das Vollbringen, so wie es ihm gefällt«, zu bewirken (Phil 2,1-13). Er verändert unseren menschlichen Willen, wenn wir ihm täglich erlauben, uns von uns selbst frei zu machen. Wir fangen an, das zu wollen, was er will, und zu tun, was er will. Dieses Wirken in unserem Inneren bemerken wir am Anfang überhaupt nicht, aber wenn wir Tag für Tag die Gemeinschaft mit ihm pflegen, weckt er neue Wünsche und eine neue Sehnsucht in unserem Herzen. Wir entwickeln eine Leidenschaft, dass in allem sein Wille geschieht.

Es gab eine Phase in meinem Leben, in der ich mir täglich eine Stunde Zeit für Gott nahm und darüber hinaus noch so viel Zeit zusätzlich, wie ich aufbringen konnte, besonders an den Wochenenden. Aber der Heilige Geist weckte in mir eine Sehnsucht, immer mehr mit ihm zusammen zu sein und zu seinen Füßen zu sitzen. Diese Sehnsucht war angenehm und voll Liebe. Nichts anderes konnte mich so sehr ansprechen wie er, und ich begann, mich nach immer mehr Zeit mit ihm zu sehnen.

Er zeigte mir, dass meine Erfahrung mit ihm kostbarer war als alles andere. Ich gab an einer Kunstakademie Klavierunterricht. Ich liebte meinen Beruf als Musikerin. Aber meine tägliche Arbeit hinderte mich daran, mehr als zwei Stunden am Tag mit dem Heiligen Geist zu verbringen, und das war mir zu wenig. Ein Gedanke begann, in stillen Augenblicken, wenn ich vor Gott ruhig wurde und wartete, in meinem Herzen Raum zu gewinnen: »Liebst du mich so sehr, dass du deinen Beruf aufgibst? Kannst du deine Liebe zur Musik mir zuliebe aufgeben, damit du mehr Zeit mit mir verbringen kannst?«

Das war ein gewagter Gedanke. Ich hätte nie gedacht, dass ich jemals mit dieser Frage konfrontiert würde. Diese Idee schlug eine unbekannte Saite in mir an und erfüllte mich mit großer Freude. Der Heilige Geist zeigte mir einen neuen Lebensstil, nachdem er mir geholfen hatte, mich ihm zu öffnen. Er führt uns gern auf eine solche Weise. Zuerst hilft er einem Menschen, sich innerlich immer mehr für ihn zu öffnen. Dann geht er einen Schritt weiter und durchdringt auch unsere Berufung und unsere Arbeit.

Während ich in dieser Angelegenheit und auch in anderen Fragen auf Gottes Antwort wartete, stieg oft Angst in mir auf, dass ich eventuell das, was er mir vorzuschlagen schien, nicht tun könnte. An anderen Tagen hatte ich wiederum das Gefühl, es sei der richtige Schritt.

An einen Morgen erinnere ich mich besonders deutlich. Ich spürte den verzweifelten Wunsch, mich nach Gott auszustrecken. Ich musste einfach von ihm wissen, was ich tun sollte. Meine ganze Zukunft hing in der Schwebe. Er musste mir heute eine Antwort geben; ich musste genau hören, wie mein Leben weitergehen sollte. Ich war sicher, dass an diesem Tag die Entscheidung fallen würde.

Es gibt Zeiten in unserem Gebetsleben, in denen uns die Verzweiflung hilft, die Blockaden und Hindernisse, die uns von Gott trennen, zu überwinden. Dann akzeptieren wir einfach kein Nein als Antwort oder interpretieren sein Schweigen als Zeichen dafür, dass er da ist, und nicht, wie sonst, als Zeichen dafür, dass er nicht da ist! Das hatte ich lernen müssen. In solchen Momenten lassen wir nicht locker, bis die Schatten fliehen und wir zu ihm durchdringen. Meine Mutter legte keine große Betonung auf »die dunkle Nacht der Seele«. Sie war davon überzeugt, dass uns der Heilige Geist als Helfer gegeben ist, um die Dunkelheit zu vertreiben und uns zu lehren, damit wir aus eigener Erfahrung wissen können, dass er immer bei uns ist. Es war ihre feste Überzeugung, dass wir zu ihm durchdringen können, wenn wir nicht aufgeben. Ich glaube das ebenfalls. Schon oft half mir der Heilige Geist, nicht aufzugeben, bis die Dinge zwischen ihm und mir geklärt waren.

Bei dieser Gelegenheit verschleierte meine Verzweiflung jedoch einige Aspekte in meiner Haltung, die es mir schwer machten, in seine Gegenwart zu kommen. Einer dieser Aspekte war eine Ruhelosigkeit, hinter der eine große Verärgerung steckte. Die Verärgerung verriet mir, dass ich wieder einmal in eine alte Falle getappt war: Ich war der Meinung, Gott verlange zu viel von mir. Meine ganze Unzulänglichkeit und meine Unsicherheit traten bei dem Gedanken, meinen Beruf aufzugeben, zutage. Diese Wegkreuzung in meinem Leben zwang mich dazu, mich ganz allein von ihm abhängig zu machen und darauf angewiesen zu sein, dass er mich auf Wegen führte, die ich vorher nie zugelassen hatte. Als ich in diesem Ausmaß herausgefordert wurde, regte sich in mir

Ärger über Gott, und ich hatte das Gefühl, ich könnte seinen Maßstäben nicht gerecht werden. Außerdem stellte ich fest, dass es sehr ernüchternd ist, vor Gott still zu werden und zu warten; es ist nicht gerade lustig, mich meiner Schuld und meinem Fehlverhalten zu stellen. Meine Ungeduld – eine meiner schlimmsten Schwächen – trat an diesem Morgen deutlich zum Vorschein.

Die Bibel erzählt viele Beispiele von Menschen, die zu Gott rufen. Selbst meine Verzweiflung war ein einziger Aufschrei: »Heiliger Geist, komm, hilf mir, lehre mich deine Wege!« Ich wusste, dass es schwer werden würde, zu ihm zu kommen, wenn ich mich so getrieben fühlte, von ihm eine Antwort in Bezug auf meine Zukunft zu bekommen. Ich war zu aufgewühlt und zu fordernd. Ich konnte nichts anderes tun, als meine Gefühle – alle meine Gefühle – vor ihm auszuschütten (Ps 62,1-8).

Noch während ich mit meinen Gefühlen rang, half mir der Heilige Geist zu erkennen, dass ich als Erstes von mir selbst befreit werden musste. Ich musste mich davon befreien, unbedingt heute Gottes Willen erfahren zu wollen. Mein Mühen und Wollen aus menschlichen Wünschen und in meiner menschlichen Kraft verhinderten, dass ich vor Gott ruhig werden konnte. Ich hatte wieder die Kontrolle an mich gerissen.

Meine Bedürfnisse waren so groß, dass sie mein Denken bestimmten, und nicht Gott. Als meine Bedürfnisse meinen Blick für ihn so sehr überschatteten, regte sich auch noch mein seelischer Bereich. Ängstliche Furcht und Unsicherheit durchfluteten mich, und natürlich war sofort der Teufel auf dem Plan und sagte: »Du kannst nicht wirklich zum Vater kommen. Du wirst es doch nicht wagen und so dumm sein, die Musik aufzugeben, oder? Was denkst du dir nur dabei? Was willst du denn dann tun? Du kannst doch schließlich nicht die ganze Zeit beten.«

Aber noch während der Satan seine Pfeile in mein Herz bohrte, erinnerte mich der Heilige Geist tief in meinem Geist mit sanfter Stimme: »Ich bin verantwortlich für dein geistliches Leben! Ich bin verantwortlich für dein menschliches Leben, und dazu gehört auch dein Beruf. Du kannst das nicht bewerkstelligen und wirst es nie aus eigener Kraft schaffen können. Du brauchst nichts anderes zu tun, als dich mir zu schenken und mir zu erlauben, dich zu lehren, keine Verantwortung zu übernehmen und nur hilflos und von mir abhängig zu sein. Warte auf mich. Wünsche dir, dass ich alles tue (1 Petr 5,7-11). Ordne dich meinem Zeitplan, meinem Plan, meiner Versorgung unter! Ruhe in mir; vertraue darauf, dass ich mich darum kümmere.«

Während er liebevoll sprach und mich korrigierte, begann meine Frustration zu schwinden. Meine aufgewühlte Seele fand endlich Ruhe und Entspannung. Das Getriebensein und der Versuch, Gott wegen meiner großen Not zum Handeln zwingen zu wollen, fielen von mir ab. Die Kraft meines eigenen Willens wurde kleiner, und ich erkannte, welche große Sünde mein Egoismus war. »Herr«, betete ich. »Vergib mir. Ich kehre um. Ich ordne mein Fleisch bewusst deiner Hand unter. Durch die Kraft des Kreuzes bitte ich dich, mein Fleisch unter das kostbare Blut Jesu zu stellen. Ich brauche heute keine Antwort auf meine Frage. Alles, was ich brauche, ist, dass ich lernen muss, abzunehmen, damit du zunehmen kannst! Ich möchte dir nicht länger im Weg stehen.«

Es war, als lösche der Heilige Geist tief in meiner Seele und in meinem Geist das Feuer des Getriebenseins aus und zöge den Teil von mir, der glaubte, ich könnte Gottes Hand zum Handeln zwingen, zurück. Meine Sehnsucht nach Jesus war jetzt voll Vertrauen und nicht voll Angst. Er gab mir die Kraft, weiter zu warten. Er schenkte mir die Gewissheit, dass er bei mir war und dass ich ihm vertrauen konnte.

»Herr, ich warte auf dich. Ich bin hier, weil ich dich liebe. Es gibt keinen Ort, an dem ich lieber wäre. Ich erkenne, dass es falsch von mir war, dich zwingen zu wollen, mir so zu antworten, wie ich es mir einbilde; ich lobe dich dafür, dass du mir das gezeigt hast, und ich danke dir, dass du mir vergibst.« Ich atmete tief durch und entspannte mich. Ich musste nichts anderes tun, als in seiner Gegenwart bleiben. Als er mich annahm, nahm er alle meine Lasten und Wünsche, alle Entscheidungen, alle Pläne in seine Hand. Er würde mir den richtigen Weg zeigen (Ps 40,1-3; Jes 45,2-3).

Ich saß ruhig da. Der Heilige Geist begann, mir Bibelstellen ins Gedächtnis zu rufen: »Darum greift zu den Waffen Gottes! ... dann ... könnt ihr Widerstand leisten« (Eph 6,13). Er zeigte mir, wie ich mich gegen das Aufgeben wehren konnte; wie ich den Nadelstichen des Teufels Widerstand leisten musste, wenn meine Gefühle mich zu überrollen drohten. »Deine Liebe ist die Sonne, von der wir leben« (Ps 36,9). »Sogar in dunklen Stunden strahlt ein Licht für alle, die dem Herrn gehorchen« (Ps 112,4).

Ich hörte die Uhr auf dem Flur schlagen; meine Zeit mit Gott hatte über eine Stunde gedauert. Er war so real und so liebevoll für mich da, dass ich die Zeit vollkommen vergessen hatte! Wie schön es ist, mit Jesus zusammen zu sein! Niemand ist wie er! In seiner Gegenwart verkamen meine Bedürfnisse zur Bedeutungslosigkeit, weil er sich in mir stark zeigte, so schwach und erbärmlich ich selbst auch bin! Die herrliche Macht kam von ihm und nicht von mir! Das Wirken des Heiligen Geistes in mir gab meinem Vertrauen zu ihm wieder neue Kraft. Tief in meinem Geist herrschte Frieden. Meine Seele war in seiner Hand. Er hatte meine Ängste beruhigt, er hatte mir geholfen, an ihm festzuhalten, obwohl der Feind an meinen schwachen Punkten gerüttelt hatte. Er hatte mich an einen sicheren Ort geführt, an dem ich in ihm ruhen konnte.

Ich dachte, jetzt sei alles vorbei. Aber eine der schönsten und faszinierendsten Eigenschaften des Heiligen Geistes ist immer wieder seine Spontaneität. Er steckt immer voll Überraschungen, wenn wir vor Gott still werden und warten. Ich brauchte nicht mehr, als einfach bei ihm zu sein, in enger Harmonie und Einheit mit ihm zusammen zu sein. Ich wusste, dass ich die konkreten Antworten dann bekommen würde, wenn ich sie nötig hatte. Ich brauchte nur ihn, denn aus der Gemeinschaft mit ihm kommen die Antworten auf alle Fragen (Mt 6,33).

Ein Wohlbefinden und das Gefühl, geliebt und umsorgt zu sein, machte sich in mir breit. Emotional fühlte ich nichts, aber seine Gegenwart in meinem Geist brachte den Frieden, den nur er bringen kann.

»Bleib bei mir; lauf nicht so schnell davon!«, sagte er. So blieben wir zusammen sitzen. In der Freude über seine Gegenwart hatte ich mich selbst völlig vergessen. Wie heilsam es war, wie erleichternd und befreiend, sich selbst zu vergessen und sich auf ihn zu konzentrieren.

»Meine Gedanken – sagt der Herr – sind nicht zu messen an euren Gedanken, und meine Möglichkeiten nicht an euren Möglichkeiten« (Jes 55,8-9), hörte ich ihn tief in meinem Inneren sagen.

»Herr, das sehe ich.«

Sanft, aber trotzdem eindringlich begann er, aus diesem Frieden heraus, der alles Begreifen übersteigt, mich an Menschen zu erinnern, für die ich beten sollte. Einige hatte ich seit Jahren nicht gesehen, einige hatte ich erst letzte Woche gesehen. Mit viel Mitgefühl, aber gleichzeitig mit einer großen Leichtigkeit brachte ich einen nach dem anderen im Gebet vor Gott, sobald mir diese Menschen in den Sinn kamen. Das ging 20 oder 30 Minuten lang so weiter. Für andere zu beten war nicht das, was ich im Sinn gehabt hatte, als ich an diesem Tag angefangen hatte, vor Gott still zu werden und zu warten. Ich war nur auf das konzentriert gewesen, was ich selbst brauchte.

Er hatte meinen Blick von mir selbst weg gelenkt, und ich beendete diese Zeit, wie er es wollte: In selbstloser Fürbitte für andere. Wenn wir in Gottes Gegenwart warten, bestimmen wir nicht, wie er sich verhalten soll. Auch wenn ich mich dabei ertappt hatte, wie ich aus meiner zu starken Konzentration auf meine eigenen Nöte heraus versucht hatte, genau das zu tun. Die Ehrfurcht gebietende und wunderbare Erfahrung des Wartens besteht darin, Gott immer wieder neu zu sehen. Wir werden aus uns selbst herausgeholt und werden zu Gefäßen, die sein Heiliger Geist mit allem, was er für richtig hält, füllen kann. Oft will er uns helfen, nach Gottes Willen zu beten. Aber das Wunder, das geschieht, wenn wir vor Gott still werden und warten, besteht darin, dass der Heilige Geist seinen Dienst an uns und durch uns tun kann, obwohl ich selbst mein schlimmster Feind bin und obwohl Sie selbst Ihr schlimmster Feind sind.

Dieses Warten ist nicht leicht. Wahrscheinlich wird es das auch nie sein. Wenn wir uns von ihm dahin bringen lassen, dass wir uns selbst vergessen, geben wir ihm damit die Herrschaft über unser Leben. Das ist ein langer Prozess. Wir werden dabei oft versagen. Nur er kann uns zu einer inneren Entschlossenheit führen. Dabei ist es wichtig, dass wir nicht locker lassen und regelmäßig in seiner Gegenwart auf sein Sprechen warten.

Ich bekam an diesem Tag weder ein klares, eindeutiges Ja noch ein Nein. Aber ich bekam von ihm etwas, das ich viel dringender brauchte: Ich spürte seine Gegenwart, die in meinem Geist lebendig wurde, und in seiner Gegenwart erfuhr ich Zufriedenheit und Liebe. Ich wusste, dass er mich in Bezug auf meinen Beruf führen würde, wenn er es für richtig hielt. Er lehrte mich, ihm liebevoll zu vertrauen und meine Nöte und Pläne nicht so wichtig zu nehmen.

Während ich in seiner liebevollen Gegenwart badete, wurden alle meine Bedürfnisse gestillt. Ich hatte ihn und die Zusicherung seiner Liebe dringender gebraucht als eine Antwort auf die Frage, was ich beruflich tun solle.

Er ist immer wichtiger als unsere Probleme und Nöte. An diesem Tag ließ er mich so stark seine Gegenwart spüren, dass mein Vertrauen und meine Erwartung, dass er mich den richtigen Weg führen würde, vertieft wurden. Als ich meinen Gebetsplatz verließ, fühlte ich mich so leicht wie eine Feder. Ich hatte ein neues Vertrauen zu ihm. Meine berufliche Zukunft war immer noch unklar, aber ich hatte einen inneren Frieden, weil er als der Mächtige in mir lebte.

Der seelische Bereich bringt uns immer wieder durcheinander, aber Gott selbst ist unser Friede (Eph 2,14). Wenn die Zeit reif ist, handelt er und kümmert sich um alle Einzelheiten, die wir benötigen. Bis dahin gibt uns seine Gegenwart die Kraft, ihm zu vertrauen, ihm zu gehorchen und ihn zu lieben (Hebr 10,35-38).

Was Gott dazu tut

Eigentlich hat er bereits mehr als genug für uns getan. Er hat für uns alles getan, was er konnte. »Christus ging ... in den Himmel selbst, um von jetzt an ständig in der Gegenwart Gottes zu verweilen und bei ihm für uns einzutreten« (Hebr 9,24). Wenn wir vor ihm still werden und warten, bringt ihn das nicht näher zu uns, weil er bereits *in* uns ist: »Wißt ihr nicht, daß euer Leib ein Tempel des Heiligen Geistes ist, der in euch wohnt?« (1 Kor 6,19). Er kann nicht gegenwärtiger oder realer sein, als er es ohnehin schon ist. Vielmehr bringt das Warten uns näher zu ihm. Die Schwierigkeit liegt darin, dass unsere Fähigkeit, ihn zu erkennen, begrenzt ist, denn wir sind behindert »von der Gier der Triebe und Sinne, von der Gier der Augen, vom Prahlen mit Geld und Macht« (1 Joh 2,15-17).

Wenn wir warten, wenden wir uns ihm zu und sehen »mit unverhülltem Gesicht die Herrlichkeit des Herrn wie in einem Spiegel« (2 Kor 3,18). Er fängt an, auf vielfältige Weise seine Gegenwart in unserem Geist zu zeigen. Auf den folgenden Seiten führe ich Aspekte seines Handelns auf, die ich in meinem Leben erfahren habe und die er auch im Leben anderer verwirklichen will. Dabei möchte ich sofort betonen, dass es noch viel mehr Möglichkeiten gibt, wie er in unserem Leben wirken kann, als ich selbst bis jetzt erlebt habe.

1. *Er öffnet uns die Schleusen seiner Liebe.* Die stärkste und eindringlichste Art, wie er sein Wirken zeigt, ist seine große Liebe, die plötzlich und spontan wie ein breiter Strom fließt und unseren Geist erfüllt. Ohne jeglichen Zweifel wissen wir alle, dass wir geliebt sind und für ihn wertvoll sind. Der Heilige Geist ist die Liebe Gottes, der seine Liebe in unsere Herzen ausschüttet. Wenn wir in seine Gegenwart treten, lässt er uns diese Liebe hautnah erleben (Röm 5,5).

Seine Liebe ergießt sich oft über unsere Gefühle, doch häufig werden unsere Gefühle davon nicht berührt. Aber trotzdem werden wir immer wieder ermutigt, aufgerichtet und daran erinnert, dass er uns wirklich liebt. Wir werden durch die Erkenntnis, dass er wirklich in uns ist, gestärkt. Wenn diese Liebe in uns geweckt wird, werden wir auch die Liebe des Vaters, des Sohnes und des Heiligen Geistes fühlen.

Dieses stete Ausgießen seiner Liebe über uns ist das deutlichste Erkennungszeichen dafür, dass der Heilige Geist in uns lebt. Paulus spricht im Brief an die Epheser von dem Dienst des Heiligen Geistes an dem inneren Menschen, von der enormen Stärkung durch die Kraft des Heiligen Geistes, wenn er uns immer mehr Gottes ewige himmlische Liebe offenbart, bis unsere Wurzeln in dieser Liebe gegründet sind. Diese Wurzeln, die in dem festen Grund von Gottes Liebe, die sein ganzes Wesen durchdringt, verankert sind, halten uns fest und lassen uns nicht wanken, welche Taktiken der Teufel auch anwenden mag.

Ich glaube, wenn wir täglich in seiner Gegenwart still werden und warten, erhöht er unsere Fähigkeit, seine Liebe tief in unserem Herzen anzunehmen, damit wir immer mehr von dieser Liebe empfangen können. Dies geschieht im gleichen Maß, in dem er mehr Zugang zu unseren Verletzungen bekommt. Seine Sehnsucht, uns in der Tiefe unseres Seins seine Liebe immer mehr zu offenbaren, ist Teil seines Wesens. Das auffälligste Merkmal von Menschen, die eine engere Beziehung zum Heiligen Geist bekommen, ist es, dass sie sich auf erstaunliche Weise den unvorstellbaren Dimensionen von Gottes wunderbarer Liebe öffnen. Sie tauchen geradezu in diese machtvolle Liebe Gottes, die jede andere menschliche Erfahrung übersteigt, immer wieder ein. Seine Liebe können wir nicht durch den Kontakt zu anderen Menschen erfahren. Seine Liebe kommt durch den Kontakt zu ihm und nur zu ihm. Wir werden von uns selbst befreit und schwimmen zu den stillen Tiefen des unendlichen Ozeans von Gottes Liebe hinaus. Wenn wir in der Stille auf ihn warten, werden diese Erfahrungen immer intensiver, je mehr wir Gott Freiraum in unserem Herzen geben.

Ich kenne keinen anderen Weg, wie unsere oberflächliche, egozentrische menschliche Liebe aus ihren sumpfigen Gewässern herauskommen und in die Fülle von Gottes selbstloser Liebe eintauchen kann, als täglich Gott die Tür zu unserer unvollkommenen Liebe zu öffnen, während wir in der Stille auf ihn warten. Dann fängt die menschliche Liebe an, Gottes Liebe Platz zu machen. Dies geschieht, wenn wir Gott anbeten, wenn wir ihm unsere Schuld bekennen und er sie uns vergibt. Dadurch tauchen wir immer wieder in diese göttliche Liebe ein. Mir fehlen die Worte, diese Zusammenhänge angemessen auszudrücken. Ich kann nur sagen, dass diejenigen, die in Gottes Gegenwart still werden und warten, solche Erfahrungen machen werden. Der Heilige Geist hilft uns, dass wir aus der Tiefe unseres Herzens die

Liebesgebote Jesu befolgen können (Joh 13,34-35; 15,10.12.17). Wenn uns das Lieben schwer fällt, stöhnen wir nicht mehr: »Ich will nicht lieben.« Denn der Heilige Geist liebt durch uns (1 Joh 4,7-13). Nachdem er von den wunderbaren Gaben des Heiligen Geistes gesprochen hat (1 Kor 12), stimmt Paulus das Hohelied der Liebe an (1 Kor 13): »Ich zeige euch jetzt etwas, das noch weit wichtiger ist als alle diese Fähigkeiten und Gaben. Ich zeige euch Gottes tiefstes Wesen, seine göttliche Liebe, seine selbstlose Liebe. Es gibt keine herrlichere Art zu erleben, wie er uns durch und durch liebt. Dann können wir ihm erlauben, durch uns mit seiner reinen, heiligen Liebe andere zu lieben.« Es gibt nichts Größeres auf dieser Welt, als dem Heiligen Geist genug Zeit zu geben, dass er uns immer mehr seine Liebe schenken kann. Dann wird er uns auch aus unserer fordernden, berechnenden und egoistischen menschlichen Liebe befreien und in Gottes Liebe erheben, die in uns und durch uns fließen soll. Das will er für jedes seiner Kinder.

Der Vater hat es versprochen: Gottes Heiliger Geist der Liebe wird in uns wohnen. Er hat nicht nur die Erlaubnis bekommen, einzutreten und darin zu wohnen, sondern er bekommt auch die Freiheit, in uns die Dimensionen seiner Liebe zu entfalten, von denen wir keine Ahnung haben.

Wir haben es dringend nötig, seine Liebe in jedem Bereich unseres Lebens zu erfahren. Die meisten von uns verbringen mehr Zeit vor dem Fernseher oder mit allen möglichen anderen Aktivitäten als in Jesu Gegenwart. Wenn wir diese Stunden nutzen würden und anfingen, vor ihm still zu werden und zu warten, würde er nicht nur unsere Seele, sondern auch unser Volk retten.

Warum? Weil nur seine Liebe uns verändert, uns verwandelt, uns reinigt. Wenn wir uns dieser erlösenden und ewigen Liebe öffnen, dieser Liebe, die für uns ans Kreuz ging, wird er die Gabe Gottes in uns leben lassen, den Heiligen Geist, die unaussprechliche Liebe Gottes (2 Tim 1,6-7).

Wir sind so sehr auf uns konzentriert, dass es uns nicht leicht fällt, auf Jesus zu schauen und ihm zu erlauben, uns von unserem Selbst zu befreien. Aber wie herrlich ist es, dass wir Wasser aus Gottes reicher Quelle schöpfen dürfen, aus der uns seine Hilfe strömt (Jes 12,3). Jesus sagte: »Wer durstig ist, soll zu mir kommen und trinken ... Aus seinem Inneren wird lebendiges Wasser strömen« (Joh 7,37-39).

Als Jesus diese Worte sprach, »war der Geist noch nicht gekommen, weil Jesus noch nicht in Gottes Herrlichkeit aufgenommen war« (Joh 7,37). Jetzt ist der Heilige Geist gekommen, um uns in den Reichtum und in die Wunder von Gottes heiliger Liebe zu führen. Lassen Sie sich täglich vom Heiligen Geist in Ihrem Herzen dienen? Sein Dienst in uns besteht darin, uns in jeder Hinsicht gesund zu machen, uns zu reinigen, Gottes Leben in uns wiederherzustellen. Gott ist Liebe. Die göttliche Natur der Liebe ist in unser Herz ausgegossen. Sie lebt in unserem Herzen und drängt uns, zu ihm zu kommen, damit wir durch ihn leben können (1 Joh 4,7-9). Um in ihm und durch ihn leben zu können, muss unser ganzes Leben von seiner Liebe durchdrungen sein, von unserem Ich gereinigt werden und immer mehr in ihn und sein liebendes Wesen übergehen. Dies kann nur geschehen, wenn wir Zeit mit Gott verbringen, denn hier beginnt er, unser Innerstes in der Tiefe zu reinigen. Wenn wir Zeit mit ihm verbringen, ihm unsere ungeteilte Aufmerksamkeit schenken und ihn bitten, mehr von ihm zu erleben, erlauben wir ihm, in unserem Herzen zu tun, was er tun will (Gal 5,22-25)!

Ich bin zutiefst traurig über Christen, die Jesus seit Jahren kennen, deren Liebe aber auf derselben Stufe stehen geblieben ist wie damals, als sie ihr Leben mit Jesus begannen. Sie haben es versäumt, sich täglich reinigen zu lassen und Gott nahe zu kommen. Ihre Liebe zu ihm und zu anderen hat sich ebenfalls nicht verändert, weil sie den Heiligen Geist und seinen Dienst an ihren Herzen nicht begriffen haben. Wenn wir ihm Gelegenheit dazu geben, kann in unserem Leben seine Liebe ganz neue Dimensionen annehmen.

Der Zweck hinter all der Zeit, die wir mit Gott verbringen, ist es, dass wir immer stärker an seinem Leben und an seinem Wesen Anteil haben. Dass wir beständig und unablässig immer näher zu seiner Liebe hingezogen werden und aus unserer menschlichen Liebe herausgeholt werden (Röm 8,35-39).

Er ist größer als alles, das wir bisher kennen gelernt haben.

Seine Liebe ist alles in allem, und er möchte sich als eine reale, lebendige Person offenbaren und uns täglich neue Facetten seiner Liebe und seines Charakters zeigen, wenn wir uns Zeit nehmen, um vor ihm still zu werden und zu warten. Je mehr wir lernen, nicht vor ihm davonzulaufen, umso mehr erfüllt er uns mit seiner Liebe. Oswald Chambers schreibt: »Es ist dringend nötig, dass wir den Heiligen Geist empfangen, damit er *in* uns all das tun kann, was Jesus Christus *für* uns am Kreuz getan hat.«[7]

2. *Er erfüllt unser Inneres und lässt uns Jesu Gegenwart als Realität erfahren.* Wenn seine Liebe anfängt, in unserem Inneren immer mehr zu wirken, wird unser geistliches Leben immer mehr von einem starken Bewusstsein für Jesu Gegenwart durchdrungen und erfüllt. Der Heilige Geist offenbart Jesus (Joh 16,12-15). Wenn wir wiedergeboren werden, lernen wir ihn kennen und lieben ihn, aber wir können ihn noch lange nicht begreifen und sind viel zu sehr in uns selbst gefangen. Er sehnt sich danach, dass wir täglich miteinander sprechen, und er weiß, dass das Zeit in Anspruch nimmt. Nur in seiner liebenden Gegenwart fühlen wir uns so sicher, dass wir ihm erlauben, sich uns zu offenbaren. Aber ich habe die Erfahrung gemacht, dass er zuerst einmal uns so weit vertrauen können muss, dass er es riskiert, sich uns zu offenbaren!

Wir müssen immer mehr einen Blick für Jesus und ein immer stärkeres Gespür für seine Wirklichkeit bekommen. Unsere Gebetsgruppe liest gern in den Evangelien und denkt über Jesus und sein Leben nach und darüber, was er sagte und tat. Gott sehnt sich danach, dass wir Jesus immer mehr erfahren, aber das kommt nur, wenn der Heilige Geist uns Jesus offenbart. Das setzt sich fort bis in alle Ewigkeit (Eph 2,4-10). Wir sollten unseren Platz, an dem wir vor Gott still werden und warten, nie verlassen, bevor uns der Heilige Geist nicht in tiefere Gewässer von Gottes Liebe gezogen hat und uns einen neuen Blick für Jesus geschenkt hat. Nur der Heilige Geist kann uns im Laufe der Monate und Jahre, wenn wir Jesus ins Gesicht schauen, helfen, ihn mit unserem ganzen Herzen, mit unserer ganzen Seele und mit unserem ganzen Verstand zu lieben (Mt 22,35-40; 2 Kor 4,6).

3. *Er gibt uns Frieden.* Während wir auf Gott warten, spüren

wir einen Frieden, der jedes Verständnis übersteigt. Dieser Friede breitet sich in unserem Inneren immer mehr aus. Jesus sagte: »Zum Abschied gebe ich euch den Frieden, meinen Frieden, nicht den Frieden, den die Welt gibt. Erschreckt nicht, habt keine Angst!« (Joh 14,27). Wenn der Heilige Geist die Schleusen öffnet und Gottes Liebe in uns Raum gewinnt und er uns Jesus Christus offenbart, finden wir einen starken Frieden, eine Freude, eine Zuversicht, die so überwältigend sind, dass unsere Ängste und Sorgen in seinem Licht dahinschwinden! »Er macht euch innerlich stark«, sagt Paulus (1 Thess 3,13). Je mehr wir in ihn eintauchen, umso mehr wird unser Geist gestärkt und kann ihm vertrauen. Dieses ungetrübte Vertrauen kann wachsen, weil wir ihn so sehen, wie er wirklich ist.

4. *Er gibt uns Einsicht und Verstehen.* Tief in unserem Herzen beginnt seine Weisheit, unsere Gedanken zu erfüllen, wenn wir uns in seiner Gegenwart vor ihm beugen. Er hilft uns, zu verstehen und den richtigen Blick zu bekommen. Plötzlich geht uns ein Licht auf. Wir erkennen durch Jesus die Wahrheit, denn er ist der Weg, die Wahrheit und das Leben, obwohl wir ihn noch wenige Augenblicke vorher nicht erkennen konnten. Der Heilige Geist gibt Einsicht und Erkenntnis, wie wir bereits im Buch des Propheten Jesaja nachlesen können (Jes 11,1-3). Je mehr unser Denken auf ihn konzentriert ist, umso länger können wir das Bild von ihm sehen. Er reinigt unser Denken. Er möchte, dass wir einen vollkommenen (oder reifen) Frieden haben, weil wir in unserem Denken, in unseren Gefühlen und in unserem Geist darauf ausgerichtet sind, auf ihn zu schauen, egal, was um uns herum passiert (Jes 26,3).

5. *Aus seiner Gegenwart heraus fängt er an, uns zu leiten und zu führen.* Diese Führung kann durch geistige Eindrücke oder neue Gedanken geschehen, die oft so unauffällig und alltäglich erscheinen, dass wir die Antworten, die wir suchten, manchmal gar nicht erkennen! Später werden wir ihn dann in unserem Geist sprechen hören, und seine Führung wird durch sein kostbares geschriebenes Wort und durch andere Menschen bestätigt.

Oft werden wir nichts hören, wenn wir vor ihm still werden und warten. Der Bericht, den ich am Anfang dieses Kapitels erwähnte, ist dafür ein deutliches Beispiel. Aber oft hören wir trotzdem keine Antwort, weil wir zu sehr getrieben und zu sehr mit uns selbst beschäftigt sind. Wir müssen zu ihm kommen und vor ihm ruhig werden, damit wir seine Führung und Leitung erfahren können.

Er führt uns gern. Ich glaube sogar, dass es eine von Gottes liebsten Beschäftigungen ist, Menschen zu führen. Aber er muss uns erst helfen und dafür sensibel machen, dass wir ihn überhaupt hören können. Wir können diese Sensibilität bekommen, wenn wir warten und hören, und zwar täglich, und uns dem Heiligen Geist öffnen und ihm erlauben, uns zu führen (Jes 64,4).

6. *Wenn wir es gelernt haben, in seiner Gegenwart zu warten, wird der Heilige Geist anfangen, durch uns hindurch zu beten.* Er hilft uns, dass wir uns selbst vergessen können (welch ein Segen!). Oft fängt er an, durch uns das zu beten, was Gott in diesem Augenblick auf dem Herzen liegt. Manchmal kommen uns Namen und Situationen in den Sinn, und wir können sie zusammen mit dem Heiligen Geist in Jesu Namen vor Gottes Thron bringen. Manchmal ist das Seufzen und Sehnen so tief, dass wir keine Worte finden. Auch der Heilige Geist findet keine, nur ein Seufzen, das zu tief ist und alle Worte, die uns in den Sinn kommen, übersteigt. Dann sollten wir uns ihm nicht in den Weg stellen. Er will uns helfen und er betet für uns. Er allein kennt Gottes Willen (1 Kor 2,7-16). Geben wir doch diesem göttlichen Sehnen Raum. Das ist das Gebet des Heiligen Geistes. Diese Sehnsucht des Heiligen Geistes dauert oft nicht nur einen Tag, sondern mehrere Tage lang. Welch eine tiefe Erfahrung, ein Gefäß zu sein, in dem der Heilige Geist lebt und betet (Röm 8,26-27).

7. *In seiner Gegenwart werden wir lernen, ihn weniger zu fürchten.* Eine der größten Blockaden ist unsere Angst vor ihm. Wenn wir jedoch täglich in wartender Haltung sein Wort lesen und ihm in der Stille unser Herz öffnen, fängt er an, sich nach und nach zu offenbaren, je mehr wir fähig werden, ihn zu empfangen (Mk 8,22-25). Je mehr unsere Angstschwelle sinkt und unsere Erwartungshaltung und unser Vertrauen steigen, umso weniger wollen wir die Zeit mit ihm verkürzen. Es ist unmöglich, jemandem vollständig zu vertrauen, den wir nicht kennen und vor dem

wir noch dazu Angst haben. Er sehnt sich danach, uns zu lehren, wie wir ihn genießen können, wie wir mit ihm in Beziehung treten können, wie wir ihn erfahren können, aber dazu ist von unserer Seite Offenheit und die Bereitschaft, ihm Zeit zu geben, nötig (Ex 33; 1 Joh 4,18-19).

Je mehr unsere geistlichen Augen für ihn offen sind, umso mehr reinigt er unser verzerrtes Bild von ihm. Dann fangen wir an, sein Wesen immer deutlicher zu verstehen.

Wenn der Helfer, den der Vater versprochen hat, in uns wirkt, wird unsere Beziehung zu ihm für uns so wertvoll, dass wir neu aufleben, wenn wir ihn erkennen. Ihn nicht zu erkennen bedeutet gleichsam den Tod. Wir sehnen uns den ganzen Tag nach der Gemeinschaft mit ihm, und er lehrt uns, den ganzen Tag nahe bei ihm zu sein. Ohne Unterbrechung mit ihm und in ihm zu leben, ist unser Ziel (Ps 27,4; 89,14-16). Es tut uns gut, so sehr auf ihn konzentriert zu sein, dass wir immer weniger an uns selbst denken. Die stärkste Form der Selbstverleugnung besteht darin, ihn so sehr zu lieben, dass wir uns selbst vergessen (Hebr 11,27).

Man muss sich das einmal vorstellen! Der allmächtige Gott möchte eine so enge Beziehung zu uns haben, dass er in uns lebt. Er sehnt sich nach unserer Aufmerksamkeit und danach, dass wir ihm erlauben, unser Leben zu erfüllen! Es ist eigentlich unvorstellbar, dass wir so nahe bei Gott leben können! Der Heilige Geist wurde zu uns gesandt, um genau diese intime Beziehung aufzubauen.

Was wir dazu tun müssen

Der bunt gemischte Haufen von Menschen, die Jesus nachfolgten und mit denen er zusammen war, bevor er in den Himmel aufgenommen wurde, waren Männer, die das Gefühl hatten, sie könnten alles tun, was Jesus von ihnen verlangte. Sie waren stark, verließen sich auf sich selbst und besaßen Lebenserfahrung. Sie waren (so glaubten sie wenigstens) in der Lage, auf ihren eigenen Füßen zu stehen. Petrus verkündete mit großer Selbstsicherheit: »Ich werde dich ganz bestimmt nicht verleugnen!« Er war mutig und vollkommen selbstsicher. Gott musste zulassen, dass Petrus auf die Nase fiel, weil er sich auf seine eigene Kraft und Stärke verließ. »Ich bin bereit, für dich zu sterben!«, sagte Petrus (Joh 13,37). Aber als er den Hahn zum dritten Mal krähen hörte, musste er schmerzlich erkennen, dass er aus sich selbst heraus nicht stark genug war, um Jesus die Treue zu halten. Er ging hinaus und weinte wie ein kleines Kind (Mt 26,75). Er sah seinen Wunsch nach Selbstverherrlichung und seine Prahlerei. Voll Verzweiflung weinte er, wie er noch nie zuvor in seinem Leben geweint hatte.

Petrus' Versagen war unausweichlich, weil er sich auf sich selbst verließ und nicht auf Jesus. Er hatte noch nicht vom Heiligen Geist die Kraft bekommen, gehorsam zu sein. An uns gibt es so vieles, das wir nicht sehen. Solange wir nicht das Ende unseres menschlichen Stolzes und unserer menschlichen Energie erreichen, können wir von Gott nicht viel empfangen. Ich möchte es noch einmal betonen: Wir müssen immer wieder, Tag für Tag, erkennen, dass wir bankrott sind, wenn wir vor Gott still werden und warten. Wir unterschätzen die Kraft unseres Fleisches, den Heiligen Geist von seinem Platz zu verdrängen. Diese fleischliche Natur, die voll Stolz und Selbstgerechtigkeit steckt, ist Feindschaft gegen Gott. Nur der Heilige Geist kann damit fertig werden (Röm 8,5-8).

Vor Gott still zu werden und zu warten, widerspricht unserer Selbstgenügsamkeit und unserem Kreisen um uns selbst. Wenn wir ernsthaft und bewusst anfangen, fünf bis zehn Minuten am Tag vor Gott still zu werden und zu warten, wird uns mit der Zeit immer stärker bewusst werden, welche Kraft unser fleischlicher, seelischer Bereich ausübt.

Dieser Bereich der Seele ist wie eine Festung und verteidigt mit aller Kraft den Willen, unseren eigenen Weg zu gehen. Die Seele macht sich durch unsere Persönlichkeit bemerkbar. Sie ist aggressiv, ob wir nun introvertierte oder extrovertierte Menschen sind. Der seelische Bereich hat große Fähigkeiten und viel Geschick. Er beherrscht alle Überlebensstrategien und regiert im Untergrund mit starker Hand.

Unser seelischer Bereich mag es überhaupt nicht, wenn er zur

Seite gedrängt wird und vor Gott still werden und warten soll, weil wir mit dem Heiligen Geist, der in unserem Herzen wohnt, sprechen und hören wollen, was Gott zu der Sache, über die wir gerade gebetet haben, zu sagen hat. Dieser seelische Bereich tritt mit erstaunlicher Kraft in Aktion, sobald wir von uns selbst weg-sehen und auf Jesus schauen (Gal 5,16-18).

Ich habe mir viele Gedanken über die Tage gemacht, in denen die Nachfolger Jesu vor Gott still wurden und warteten, wie es in der Apostelgeschichte berichtet wird. Die Jünger wussten nicht einmal, auf was oder auf wen sie warteten. Sie wussten zwar, dass Jesus gesagt hatte: »Ihr werdet mit dem Heiligen Geist erfüllt werden, und dieser Geist wird euch die Kraft geben ...« (Apg 1,8). Aber niemand außer Jesus (und einigen wenigen Männern und Frauen im Alten Testament) hatte je den Heiligen Geist erlebt. Was meinte Jesus damit? Wie würde der Heilige Geist sein? Es fällt schwer, sich das Unvorstellbare vorzustellen, vor allem, wenn Gott etwas damit zu tun hat!

Die Jünger mussten zehn Tage in dem Obergemach aushalten. Sie kannten bis dahin nur menschliche, seelische Kraft, und sie hatten erlebt, wie diese Macht Jesus den Tod gebracht hatte. Aber die menschliche Macht war zu schwach gewesen. Sie hatte sie nicht einmal dazu bewegen können, bei Jesus zu bleiben: »Da verließen ihn alle seine Jünger und flohen« (Mk 14,50).

Die Jünger mussten von ihren eigenen Ideen, Vorstellungen, ihrem Fehlverhalten und ihrer Schuld gegen Gott und gegeneinander befreit werden. Sie brauchten Zeit, um zu erkennen, dass sie sich selbst verherrlichen wollten, dass sie aus egoistischen Motiven handelten, indem sie erwarteten, dass Jesus sein Königreich nach ihren eigenen Vorstellungen aufbaute. Selbst als er ihnen als Auferstandener erschien und ihnen sagte, dass sie warten sollten, bis ihnen durch den Heiligen Geist eine völlig neue Ordnung gegeben würde, fühlten sie sich so wichtig! Sie stellten ihm daraufhin nämlich die Frage, ob jetzt die Zeit gekommen wäre, in der er das Königreich Israel wieder aufrichten würde. Sie hatten überhaupt nichts verstanden, weil sie noch nicht mit dem Heiligen Geist erfüllt waren (Apg 1,5-7). Sie mussten erst untereinander noch einige Dinge in Ordnung bringen, weil sie in ihrem Drang, selbst gut dazustehen, versucht hatten, einander zu übertrumpfen. Sie mussten ihr ganzes persönliches Bedürfnis nach Anerkennung, ihre Selbstüberschätzung und ihre Überheblichkeit ablegen. Erst dann konnten sie sich nur noch an den Heiligen Geist klammern.

Es kostete Gott Zeit, sie zu einer solchen Demut zu bringen. Es kostet ihn auch Zeit, uns zu helfen, einen klaren Blick zu bekommen. Wir müssen erkennen: Wenn er die Arbeit nicht macht, wird die Arbeit nie getan werden, weder jetzt noch sonst irgendwann. Es kostet Gott auch täglich viel Zeit, denn wir sind in unserer Menschlichkeit und in unserem Versagen aus demselben Holz geschnitzt wie die ersten Jünger.

Vor Pfingsten meinten die Jünger, sie könnten das tun, was getan werden musste, und zwar besser als alles, was Gott tun konnte. Nach Pfingsten gaben sie es gern auf, auf eigene Faust loszulaufen, und gingen nur noch so, wie er sie führte. In gewissem Sinn betreten wir jedes Mal, wenn wir warten, dass der Heilige Geist uns hilft, auf Gottes Wirken zu warten und nicht aus unserer menschlichen Kraft heraus zu handeln, eine Art »Obergemach«. Mit anderen Worten: Unser tägliches Warten darauf, dass er uns seine Gegenwart offenbart, ist wie ein kleines Vor-Pfingsten. Wenn wir offen für ihn sind, kann er in der Form kommen, in der er will, und wir erleben unser tägliches Pfingsten.

Für die Jünger war das Warten bestimmt nicht einfach. Sie wollten am liebsten sofort losstürmen und die Kirche Jesu gründen. Aber sie wussten, dass sie das nicht konnten! Sie warteten, bis der Heilige Geist in ihnen den entscheidenden Schritt tat. Sie und ich, wir müssen genauso warten, dass der Heilige Geist in uns den ersten Schritt tut.

Den Christen in Galatien sagte Paulus sinngemäß: Wenn ihr aus eurem eigenen Fleisch lebt und nicht aus dem Heiligen Geist in euch, erntet ihr Korruption. »Ich aber will sonst nichts vorweisen als allein das Kreuz unseres Herrn Jesus Christus und mich mit nichts anderem rühmen. Weil er am Kreuz gestorben ist, ist für mich die Welt gekreuzigt, und ich bin gekreuzigt für die Welt« (Gal 6,7-17). Johannes drückt es mit anderen Worten aus: »Liebt nicht die Welt und das, was zu ihr gehört! ... Die Welt ist erfüllt von der Gier der Triebe und Sinne« (1 Joh 2,15-16). Mit anderen Worten: Wir müssen das Denkmuster dieser Welt, aus unserer eigenen Energie und aus unserem eigenen Verständnis heraus zu handeln, ablegen. Die Weisheit, Liebe und Macht des Heiligen Geistes ist alles, was wir brauchen. Mein seelischer Bereich, mein Ich, stirbt oder gibt seine Vormachtstellung auf, damit der Heilige Geist in mir leben kann. Ich nehme das Kreuz auf mich, indem ich zu meinem Selbsterhaltungstrieb und meinem Selbstmitleid Nein sage. Erst dann kann Gottes Wille geschehen, so wie es der Heilige Geist will. Ich liebe das folgende Zitat von Watchman Nee: »Die größte Versuchung für einen ernsthaften und leidenschaftlichen Heiligen ist es, mit seiner eigenen Kraft Gott dienen zu wollen, statt demütig darauf zu warten, dass der Heilige Geist das Wollen und das Vollbringen wirkt.«[8]

Auf Gott zu warten, erfordert die Zeit, die Stille und den Raum, um sagen zu können: »Heiliger Geist, ich stelle mich selbst zurück. Ich nehme mein Kreuz auf mich und sage Nein zu allem, was ich will. Ich möchte Jesus nachfolgen und dir erlauben, bei mir zu sein, und ich will bei dir sein. Ich gebe dir die Erlaubnis, mir in Bezug auf mein seelisches Bedürfnis nach Selbstverherrlichung die richtige Sicht zu schenken und mich zu korrigieren. Ich bitte dich, den Geist der Welt von mir zu nehmen und mich von aller Religiosität zu reinigen. Ich bitte dich, mich so zu verändern, dass ich innerlich und äußerlich wie Jesus werden kann.« Dann gebe ich ihm die Zeit, die er braucht, um diese Veränderung herbeizuführen.

Wenn wir zu unserem seelischen Bereich Nein sagen und dazu die Kraft bekommen, weil der Heilige Geist immer stärker in uns lebt, wenn wir vor ihm still werden und warten, hilft er uns, dass unser Ego immer mehr sterben kann, damit der Heilige Geist Freiraum bekommt, die treibende Kraft, das Ziel und der Herrscher in unserem Leben zu sein. Johannes der Täufer drückte es vortrefflich aus, als er sagte: »Sein Einfluß muß wachsen, meiner muß abnehmen« (Joh 3,30).

Ich glaube, wir fangen an, Tag für Tag, ja Sekunde für Sekunde in der Abhängigkeit von dem Heiligen Geist zu leben, wenn wir still werden und darauf warten, dass er in uns die Herrschaft übernimmt, die ihm zusteht. In den Menschen, die ihr Leben in tiefer Demut durch stilles Warten dem Heiligen Geist öffnen, ist eine große Autorität und Vollmacht sichtbar, die auch auf andere ausstrahlt. Diese Autorität und Vollmacht kommt durch das sichtbare Leben Jesu, den Heiligen Geist, der in einem Menschen lebt (2 Kor 3,3-9). Im zweiten Kapitel des Philipperbriefes spricht Paulus davon, dass Gott von Jesus verlangte, sich so tief zu erniedrigen, dass er sogar den Verbrechertod am Kreuz auf sich nahm (Phil 2,8). Durch diesen Tod kam der Heilige Geist zu uns. Die Heiligen aller Zeiten lehrten, dass nur von Golgatha aus, wenn das eigene Ich stirbt, das Auferstehungsleben Gottes, der Heilige Geist, kommen kann. Das war bei Jesus so, und das muss auch bei uns so sein. »Wenn ihr aber in der Kraft des Geistes euren selbstsüchtigen Willen tötet« (Röm 8,13), kann Jesu auferstandenes Leben, der Heilige Geist, Herr über uns sein, wenn wir vor ihm still werden und warten.

Vor Gott still zu werden und zu warten, kann schwer greifbar sein, entmutigend und überwältigend. Wir sind an unser Fleisch gebunden, wir haben Angst vor ihm, und wir haben Angst vor uns selbst. Einiges in mir hat immer noch Angst vor ihm, aber vieles in mir wurde sprichwörtlich in seine Gegenwart hinein geliebt.

Unsere Rolle ist eigentlich sehr einfach, und trotzdem stecken einige Herausforderungen darin.

1. *Wir müssen still und ruhig sein vor dem Vater, dem Sohn und dem Heiligen Geist.* Wir müssen das tun, ob wir nun die Heilige Schrift lesen und darüber nachdenken oder ob wir unsere ganze Aufmerksamkeit auf ihn richten und einfach still warten (Hos 12,6). Hinter beidem steckt Kraft, und das Warten auf Gott ist nicht ein Entweder-oder, sondern ein Sowohl-als-auch. Beides ist wichtig, und das eine lebt vom anderen. Wenn Sie also das eine nicht tun können, dann tun Sie das andere.

2. *Wir müssen ihm Zeit geben, damit er unseren menschlichen Geist erfüllen und sich uns zeigen kann.* Fangen Sie mit fünf bis zehn Minuten an und arbeiten Sie sich allmählich zu 15 bis 20 Minuten vor. Wann immer es möglich ist, nehmen Sie sich mehrere Stunden Zeit. Wer sich mehr Zeit für ihn nehmen kann, sollte das tun. Wenn man treu zehn oder fünfzehn Minuten am Tag

damit verbringt, vor Gott still zu werden und zu warten, wird man dafür reich belohnt werden. Gott hat etwas mit Ihnen vor. Er verlängert unsere Zeit mit ihm so, wie er es will, und so, wie wir können. Er verlangt nie zu viel (Klgl 3,25-26). Es gibt immer eine Möglichkeit, egal, wie voll Ihr Terminkalender ist.

Zeit ist der Schlüssel bei diesem Warten. Vor Gott still werden und warten kostet Zeit. Deshalb wiederhole ich diesen Satz auch in jedem Kapitel. Es ist einfach nötig, Zeit zu investieren. Wenn uns Gott wichtig genug ist, treffen wir die nötigen Entscheidungen, um Zeit mit ihm verbringen zu können. Das, womit wir unsere Zeit verbringen, zeigt, was wirklich wichtig für uns ist!

3. *Wir dürfen nicht nach ein paar Minuten schon aufgeben, weil es schwer fällt, sich auf einen unsichtbaren Freund in unserem Inneren zu konzentrieren.* Halten Sie durch, halten Sie durch, und noch einmal: Halten Sie durch! Haben Sie keine Angst vor der Angst oder der Dunkelheit, die Sie vielleicht in sich selbst sehen. Rufen Sie einfach weiter zu ihm. Der Name Jesus auf unseren Lippen ist mächtig und hilft uns, nicht aufzugeben. Ich kann es nicht erzwingen, also bitte ich den Heiligen Geist, mir zu helfen, dass ich, ohne zu verkrampfen, in einer Haltung bleibe, in der ich von ihm empfangen kann, was er mir geben will. Und ich glaube und vertraue weiter darauf, dass er das tut, was das Beste für mich ist.

Wir haben mehr Angst vor ihm, als uns bewusst ist, wenn wir zum ersten Mal spüren, wie seine Liebe in uns Raum gewinnt. Das ist herrlich, aber auch beängstigend, und am Anfang unterbrechen wir diese Erfahrung einfach, indem wir aufstehen und nicht mehr auf ihn schauen. Wir können am Anfang nicht zu viel verkraften, aber das wird besser, je mehr Erfahrungen wir mit ihm machen. Wir haben weniger Angst vor dem, was er tun oder sagen könnte (Hebr 4,14-16).

4. *Wir müssen demütig vor ihm bleiben.* Sprechen Sie nicht; hören Sie zu, zeigen Sie ihm Respekt und machen Sie sich ganz von ihm abhängig. Sie sind hilflos. Ordnen Sie sich bewusst ihm unter. Folgen Sie ihm, wohin er Sie auch führt. In der ersten Zeit, wenn man anfängt, vor Gott still zu werden und zu warten, ist es sehr schwer, aber im Laufe der Monate und Jahre wird es leichter.

Unser Leben gehört nicht uns selbst; es gehört ihm, erklärt uns Paulus (1 Kor 6,19). Wir kommen in seine Gegenwart, wenn wir alle anderen Aktivitäten eingestellt haben, um uns auf ihn zu konzentrieren, wenn wir darauf schauen, dass er die Herrschaft in Händen hält und nicht wir selbst. Fürchten Sie sich nicht davor, so abzunehmen, dass Sie meinen, Sie würden aufhören zu existieren (1 Petr 5,5-6; Jes 57,15).

5. *Wir müssen glauben, dass er zu uns kommt, und wir dürfen uns nicht über Ablenkungen aufregen*. Richten Sie einfach Ihren Blick erneut auf ihn. Wenn eine bestimmte Ablenkung immer wieder auftaucht, dann bitten Sie den Heiligen Geist, Ihnen zu zeigen, was er Ihnen damit sagen will. Oft kommt es vor, dass Schuld und Unfrieden immer wieder auftauchen, bis wir eine bestimmte Angelegenheit in Ordnung bringen. Andrew Murray betont in seinem Buch *Waiting on God*, dass wir darauf vertrauen sollen, dass Gott zu uns kommt. Diese Tatsache hat mir schon sehr geholfen. Oft erkläre ich laut: »Herr, du bist gekommen, du wirst kommen und du willst kommen. Danke, Vater; danke, Jesus; danke, Heiliger Geist« (Joh 14,18).

Wenn wir warten, gibt er uns die Kraft, das zu befolgen, was er uns gezeigt hat.

Kapitel 7

Gott zeigt uns, wie wir wirklich sind

»Es ist eine immer wieder auftretende Tragödie unserer Rasse, dass wir das Ausmaß der Sünde nicht begreifen ... Wir nennen unsere Sünden ›Fehler‹, ›Schwächen‹, ›Ausrutscher‹ – aber Sünde ist tödlich.«
William Sangster

Es gibt zwei grundsätzliche Möglichkeiten, wie wir vor Gott still werden und warten können. Wie wir darauf warten, dass wir, wie der Vater versprochen hat, die unbegreifliche Gabe des Heiligen Geistes empfangen, der unser Leben verändern will. Die erste besteht darin, ruhig dazusitzen, die Augen zu schließen, um nicht von außen abgelenkt zu werden, und unsere Aufmerksamkeit auf Jesus zu konzentrieren. Dann fangen wir an, demütig darauf zu hören, was er vielleicht sagen möchte.

Die zweite Möglichkeit ist Thema dieses Kapitels. Als ich vor Jahren anfing, vor Gott still zu werden und zu warten, stellte ich fest, dass eine der besten Möglichkeiten, mich auf Jesus in mir zu konzentrieren, darin besteht, den Heiligen Geist zu bitten, mich eine Bibelstelle begreifen zu lassen, während ich ruhig dasitze und darüber nachdenke. Ich wusste, dass der Heilige Geist Menschen inspiriert hat, das Wort Gottes zu schreiben, und ich nahm das, was Paulus an Timotheus schrieb, ernst: »Denn jede Schrift, die von Gottes Geist eingegeben wurde, ist nützlich für die Unterweisung im Glauben, für die Zurechtweisung und Besserung der Irrenden, für die Erziehung zu einem Leben, das Gott gefällt« (2 Tim 3,16-17).

Gott half mir, mich in unserer gemeinsamen Zeit ihm zur Verfügung zu stellen. Ich bat den Heiligen Geist, mir die Bibelstelle lebendig und begreiflich zu machen. Dann las ich langsam und dachte während des Lesens mit der Hilfe des Heiligen Geistes, der in mir lebt, genau darüber nach, was ich las. Er half mir, das, was ich las, auch wirklich zu verstehen. Plötzlich kamen mir die Verse 4 und 5 aus dem fünfzigsten Kapitel des Buches Jesaja in den Sinn:

> »Jeden Morgen läßt er mich aufwachen mit dem Verlangen, ihn zu hören. Begierig horche ich auf das, was er mir zu sagen hat. Er hat mir das Ohr geöffnet und mich bereit gemacht, auf ihn zu hören. Ich habe mich nicht gesträubt und bin vor keinem Auftrag zurückgescheut.«

In meinem Leben machte ich die verschiedensten Erfahrungen, aber der Heilige Geist lehrte mich, bei allem, was ich tat, die geistliche Dimension nicht aus den Augen zu verlieren. Ich unterrichtete an einem College, belegte Kurse an der Universität, um meinen Abschluss als Ehe- und Familientherapeutin zu machen, und engagierte mich in meiner Gemeinde. Ich hatte einige Jahre vorher mein Leben Gott übergeben. Ich hatte den Heiligen Geist empfangen, der mein Leben seitdem veränderte. Ich verbrachte täglich Zeit mit Gott, und ich las gern in der Bibel. Die Gebetsgruppe, zu der ich gehörte, erlebte oft, dass Gott unsere Gebete erhörte. Ich lebte so gut ich konnte mit Gott.

Aber eines Morgens wartete Gott mit einer wichtigen Erfahrung für mich auf (Jer 17,9-10). Einer der herrlichen Aspekte eines Lebens mit ihm ist die unerwartete Freude, die er uns immer wieder durch seine Spontaneität schenkt. Ich dachte über Jesaja 66,2 nach: »Aber ich blicke freundlich auf die Verzagten, die sich vor mir beugen, auf alle, die mit Furcht und Zittern auf mein Wort achten.« Im Laufe der Jahre hatte mir der Heilige Geist durch Gespräche mit meinen Eltern und Freunden gezeigt, dass mein seelischer Bereich (mein Fleisch) sehr stark ausgeprägt war und dass ich einen starken Willen besaß. Bislang war die dunkle und trügerische Seite meines eigenen Willens nicht vom Licht des Heiligen Geistes beleuchtet worden.

An diesem Tag wurde mir plötzlich ungewöhnlich stark bewusst, dass mein Hang, aus meinem emotionalen Leben heraus und nicht aus dem Heiligen Geist zu handeln, so selbstverständlich war, dass ich nicht einmal den Unterschied kannte. Ein Teil von mir zitterte nicht genug vor seinem Wort. Ich nahm eine Verteidigungshaltung ein. Mir dämmerte, dass mein seelischer Bereich im krassen Widerspruch zu dem stand, was ich gerade gelesen hatte (Jes 66,2). Ich war entsetzt darüber, wie viel ich aus seelischer Kraft heraus tat. Mein Handeln stand so sehr im Widerspruch zu der Ehrfurcht vor Gottes Wort, das mich lehrte, zu warten, bis Gott mir zeigte, was ich tun sollte. Wie sehr neigte ich dazu, auf eigene Faust loszulaufen (Gal 5,16-26). Der Heilige Geist zeigte mir, wie sehr der seelische Bereich nicht nur in seiner eigenen Kraft stark sein will, sondern auch in dem, was er tut, religiös sein will. Unsere eigene menschliche Kraft übernimmt die Kontrolle und nimmt den Platz des Heiligen Geistes ein. Dabei verkleidet sie sich, dass wir sie mit dem Heiligen Geist verwechseln.

So vieles von dem, was ich tat, geschah aus meinem besten Wissen heraus, aber nicht aus dem Wort Gottes. Es war das, was ich sagte, und nicht das, was Gott sagte. Als ich vor ihm still wurde und wartete, zeigte mir Gott in seinem Wort, wie leicht ich in meiner Selbstgerechtigkeit dem Stolz und der Überheblichkeit in die Falle ging. Welchen Stolz und Eifer ich zur Schau stellte (Röm 7,14-24)! Ich erkannte den geistlichen Stolz, den Gott so abstoßend findet (Ijob 19,28).

Außerdem erinnerte ich mich daran, dass der Heilige Geist während des letzten Sonntagsgottesdienstes in unserer Gemeinde zu mir gesagt hatte: »Verurteile niemanden, der hier sitzt. Du bist genauso fleischlich und egoistisch wie jeder andere in dieser Gemeinde. Du bist in deinen emotionalen Fesseln und in deinem stolzen Denken gefangen. Du musst vor meinem Wort zittern!«

Ich war zu sehr von mir selbst überzeugt. Jetzt erkannte ich das plötzlich! Die Tiefe meiner Selbstüberschätzung und meines weltlichen Denkens erschreckte mich. Es war, als ob der Heilige Geist den Deckel wegnahm und mir einen langen Blick hinein in den schrecklichen Schmutz und Morast meines eigenen Wesens gewährte (Mt 15,18-19; Röm 3,10-19). Ich sah die riesigen Kräfte des Fleisches, mit denen ich mir selbst schmeichelte und mir selbst etwas vortäuschte. Der Heilige Geist half mir zu erkennen, wie schrecklich die Sünde ist (Joh 16,7-12).

Für mich sah alles hoffnungslos aus, doch er trennte die Triebkräfte meiner Seele von meinem Geist. Ich sah den Unterschied zwischen den beiden. Ich war so darauf ausgerichtet, aus meiner eigenen Kraft heraus das zu leisten, was meiner Meinung nach getan werden musste, und zu dem Zeitpunkt, zu dem es meiner Meinung nach zu geschehen hatte. Ein Teil von mir weigerte sich, mich selbst aufzugeben, mich zu erniedrigen, das Kreuz der Selbstlosigkeit auf mich zu nehmen. Ich fühlte mich gefangen, ich war nicht in der Lage, irgendetwas zu ändern. Ich kämpfte zwischen dem Eigennutz des Fleisches und dem reinen Weg des Geistes, wie er im siebten Kapitel des Römerbriefes beschrieben ist. Noch nie hatte ich diese Trennung so deutlich gesehen; ich war dem Heiligen Geist dankbar, dass er mir das so deutlich zeigte.

Aus dieser dunklen Verzweiflung rief mein Herz: »Hilf mir, Herr Jesus, ich kann mir nicht selbst helfen. Komm und hilf mir, Jesus. Nur du kannst hier wirklich etwas verändern, nur du.« Bis zu diesem Zeitpunkt hatte ich immer angenommen, ich könnte meine geistlichen Probleme selbst in Ordnung bringen, sie verändern und alles wieder ins rechte Lot rücken. In einem kurzen Augenblick erkannte ich, dass das gleiche Licht, das mir meine Dunkelheit zeigte, das Licht war, das ihm erlauben würde, jede Situation zum Guten zu führen.

Aber aus dieser alles durchdringenden Selbsterkenntnis heraus sah ich, wie hilflos und machtlos ich war. Es gab keine Möglichkeit, mich aus mir selbst heraus zu bessern oder zu ändern. Dieser Einblick in den Abgrund meiner Seele hatte mich so sehr in die Tiefe geführt, dass ich eine neue Demut bekam. Ich zitterte richtig vor seinem Wort. Ich sah meine innere Armut in einem ganz neuen Licht, im Fleisch, und ich sah, dass es auf seelischem Gebiet nichts gab, das ich für mich oder in mir selbst tun konnte! Ich wusste, dass ich aufhören musste, aus mir selbst heraus zu handeln. Ich musste das Steuer aus der Hand geben und Gott, dem Heiligen Geist, erlauben, in meiner Seele und in meinem Geist zu herrschen und zu regieren.

In diesen Minuten ließ mich Gott durch die Hilfe des Heiligen Geistes einen schmerzlichen Blick darauf werfen, wie es um mein Fleisch wirklich stand. Er machte mir unverrückbar klar: Nichts, das ich tun konnte, würde meine Ichsucht entscheidend verändern.

Tief in meinem menschlichen Geist begann der Heilige Geist zu sprechen. »Die Tiefe deines fleischlichen Seins ist beängstigend, aber du musst sehen, aus welchem Holz du geschnitzt bist, weil dich das zu mir treibt. Du kannst nichts tun, außer die Wahrheit anerkennen und umkehren. Das beste Gebet, das du jetzt sprechen könntest, wäre: ›Herr, ich sterbe meinem Ich, meinem Ego, meiner Willenskraft, meiner Selbstgenügsamkeit, dieser schrecklichen Sünde, dass ich immer mich an die erste Stelle setze. Nimm alles, was dir nicht ähnlich ist, aus mir fort.‹« Nachdem ich gesehen hatte, wie es um mich bestellt war, wollte ich, dass der Heilige Geist die Kontrolle übernahm. Ich erkannte, dass ich seine Kontrolle für den Rest meines Lebens immer wieder erbitten müsste. Er zeigte mir noch andere tiefe Nöte und Bedürfnisse. Nur wenn ich täglich in seiner Gegenwart ruhig werde und warte, kann er in mir die Rebellion gegen seine Autorität immer wieder überwinden. Es ist ein Schock, wenn wir erkennen, wie wir mit einem solchen Selbstschutzmechanismus unser Leben mit Gott verseuchen.

Der Schmerz über das alles ging sehr tief. Aber ich wusste, dass Gott, der Heilige Geist, in mir am Werk war. Wir brauchen diese schmerzlichen, aber wichtigen Offenbarungen, damit wir unseren wahren Zustand erkennen. Es ist das Wirken des Heiligen Geistes, wenn er uns unsere innere Einstellung vor Augen führt. Das kann er aber nur, wenn wir anfangen, vor Gott still zu werden und zu warten.

Als Nächstes brachte der Heilige Geist mir Paulus' Worte ins Gedächtnis, der sagte: »Täglich sehe ich dem Tod ins Auge« (1 Kor 15,31). Mit anderen Worten: Paulus sagte Nein dazu, selbst über sein Leben zu herrschen. Ich musste mir täglich die Zeit nehmen, vor Gott still zu werden und zu warten, ich musste meine menschliche Persönlichkeit und menschliche Kraft aufgeben. Nur so konnte ich meinen Blick täglich von mir selbst weg auf Gott den Vater, den Sohn und den Heiligen Geist richten. Ich hatte vorher schon einige Zeit dafür gebetet, dass Gott immer mehr der Herr über mein Fleisch würde!

Während ich in der Stille wartete, fing ich an, mich bewusst von meinem Selbsterhaltungstrieb und meiner Orientierung auf mich selbst abzuwenden und auf Jesus zu sehen statt auf mich selbst. Über das Wort Gottes nachzudenken war eine Möglichkeit, mich selbst zu vergessen und mich ganz auf das zu konzentrieren, was er mir zu sagen hatte. In diesem Sinne war das Warten eine Form der Selbstverleugnung, ein Sterben des eigenen Ich, eine tägliche Erniedrigung meines eigenen Ego in Gottes Gegenwart. Wenigstens für eine bestimmte Zeit legte ich jeden Tag alle Rechte an mich selbst ab und wartete auf das Sprechen des Heiligen Geistes in mir. An vier verschiedenen Stellen in der Bibel sagt Jesus, dass wir uns selbst verleugnen, das Kreuz auf uns nehmen und ihm nachfolgen sollen. Das Kreuz nehmen heißt, zu meinem eigenen Willen Nein und zu seinem Willen Ja zu sagen. Der fleischliche, weltliche Teil in uns möchte nicht verleugnet werden. Er möchte nicht Nein zu unserem eigenen Willen sagen. Er möchte Jesus so nachfolgen, wie wir Jesus nachfolgen wollen. Ich bin zutiefst davon überzeugt, dass die Antwort auf das »Wie soll das geschehen?« (Mt 10,37-39; Mt 16,24-25; Mk 8,34-35; Lk 9,23-25) darin liegt, täglich vor Gott still zu werden und zu warten. Ich gewähre Gott Zugang zu meiner Zeit (meinem eigenen Willen) und zu meinen Wünschen (meiner Selbstliebe) – zwei der grundlegenden Bereiche unseres seelischen Ichs. Der seelische Bereich sagt: »Ich tue, was ich will, und zwar dann, wann ich es will.« Warten bedeutet, unserem Ego in dieser konkreten Zeit keinen Raum zu geben.

Jesus verbrachte viel Zeit allein mit dem Vater und mit dem Heiligen Geist. Er entschied sich dafür, hilflos und machtlos zu sein und nur vom Vater durch den Heiligen Geist abhängig zu sein – und das, obwohl er selbst Gott war! Er gab uns ein wunderbares Vorbild, wie wir uns dem Vater unterordnen können! In den folgenden Bibelstellen sagt er immer wieder: »Ich bin durch den Heiligen Geist von Gott dem Vater abhängig.«

Joh 5,19.30
Joh 6,38.57
Joh 7,28
Joh 8,28.42
Joh 12,44-45

Die Bibel nennt uns allein im Lukasevangelium zehn Beispiele, in denen Jesus sich allein zurückzog, um bei Gott dem Vater zu sein. Wenn es schon für ihn nötig war, sich zurückzuziehen und vor Gott still zu werden und zu warten, wie viel mehr haben das dann Sie und ich nötig!

Wir gewöhnen es uns immer stärker an, Nein zu unserem Ego zu sagen, je öfter wir vor Gott still werden und warten. Diese Haltung, dass wir uns selbst nicht an die erste Stelle setzen, wirkt dann auch auf die anderen Stunden des Tages. Das Ziel des Wartens ist es, ihm zu erlauben, den ganzen Tag und nicht nur in meiner Zeit, in der ich vor Gott still werde und warte, die Kontrolle zu haben. Ich glaube nicht, dass es in einer einzigen geistlichen Erfahrung, sozusagen mit einem Schlag geschieht, dass wir unser Ego begraben können. Ich habe so etwas wenigstens noch nie bei einem Menschen gesehen. Wir machen vielleicht eine Erfahrung, in der wir zu diesem reinigenden Feuer Ja sagen, aber wir müssen uns täglich, genau genommen jeden Augenblick, vollkommen Gott unterstellen und ihm die Herrschaft über unser Leben übergeben, wenn wir wirklich wollen, dass er in seinem heiligen Wesen durch uns lebt.

Einige Jahre vor diesem Erlebnis, das ich gerade beschrieben habe, bewirkte der Heilige Geist etwas bei mir, das mein Leben veränderte. Er kam zu mir und überströmte mich mit Gottes Liebe. Er verbrannte viel Müll aus meinen Gefühlen, aus meinem Denken und aus meinem Willen. Ich hatte sprichwörtlich das Gefühl zu verbrennen. Am ersten Tag war dieses Gefühl am stärksten, danach wurde es allmählich schwächer, aber es dauerte vier Tage lang. Nach diesem eindrücklichen Erlebnis hatte ich ein ganzes Jahr lang keine Wut, keine Abneigung gegen irgendeinen Menschen, keine Unversöhnlichkeit, keinen Neid, keine Eifersucht mehr. Aber dann kehrten diese Sünden zurück, obwohl ich jeden Tag Zeit mit Gott verbrachte. Erschüttert rief ich meine Mutter an und fragte sie um Rat. Sie sagte: »Du hast das brennende Feuer des Heiligen Geistes erlebt (Lk 3,16-17), und er hat viel Unrat bei dir ausgeräumt. Aber jetzt musst du noch bewusster mit ihm zusammenarbeiten und vor Gott still werden und warten. Du musst ihm die Freiheit geben, alle Sünden des Fleisches und des Geistes, die er sieht, aufzudecken (2 Kor 7,1). Wenn er das tut, dann kehre bewusst von dieser Schuld um (Offb 3,19), bitte um Vergebung und lass dich vom Heiligen Geist davon frei machen. Dann geh den nächsten Schritt. Damit übergibst du ihm die Herrschaft in dir, durch die er dich heilen und dich immer mehr zum Gehorsam und zum Sieg führen kann.« Meine Mutter erzählte mir außerdem, dass Gott mich lehren würde, bewusst hilflos zu sein und mich von Gottes Leben in mir abhängig zu machen.

Dieses feurige Erlebnis mit dem Heiligen Geist, sein Nachspiel und der Rat meiner Mutter gaben mir viel Ansporn, vor Gott still zu werden und zu warten. Bei allen von uns gibt es Bereiche in unserer Seele und in unserem Geist, die noch nicht von ihm erfüllt sind. Aber wenn wir liebevoll auf ihn schauen und ihm unsere ungeteilte Aufmerksamkeit schenken, fängt er liebevoll und korrigierend an, uns diese Dinge ins Blickfeld zu rücken. Wir können ihm nicht geben, was wir nicht sehen (Ps 51,6)! Er sehnt sich danach, aus den dunkelsten Winkeln unseres Seins die Wahrheit ans Licht zu bringen, unsere Seele und unseren Geist unter seine Herrschaft zu stellen, damit wir keine inneren Konflikte mehr haben.

Dieses geheimnisvolle, aber gleichzeitig so reale innere Wirken des Heiligen Geistes ist ein großes Wunder. Es durchdringt viele Ebenen unseres inneren Wesens. Wir fangen nicht nur an, unsere Bedürftigkeit, unsere Armut an Seele und Geist zu erkennen. Je mehr er in jedem Teil unseres Lebens aktiv wird, umso mehr ermöglichen wir ihm, unser unechtes Ich wegzuräumen, wenn wir vor Gott still werden und warten. Denn er, nicht unser sündiges, seelisches Ego, übernimmt die Kontrolle. Wenn er eingreift, wirft er Licht auf unsere emotionalen Verletzungen und auf die Härte unserer Persönlichkeit. Wir geben ihm Zugang zu unserer Persönlichkeit, die wir tief in unserem Inneren sind. Am Anfang wissen wir nicht, wer wir sind. Diese Art des Wartens ist sehr schmerzlich. Manchmal ist sie geradezu unmöglich. Ich habe viele Male zu Gott gerufen: »Ich möchte mich damit nicht befassen! Ich will nicht!« Aber das Blut Jesu Christi gibt mir die Kraft, nicht davonzulaufen, sondern dem allen ins Auge zu sehen.

Die Trennung zwischen unserer Seele und unserem Geist, damit wir überhaupt anfangen zu begreifen, wo wir tatsächlich stehen, kann nur durch und in dem Heiligen Geist geschehen. Er beginnt, Erstaunliches in uns zu wirken. Er kommt als ein Feuer, das in uns brennt, das uns unser Fehlverhalten vor Augen führt und uns die Kraft gibt, mit einer Ernsthaftigkeit, die aus unserem tiefsten Inneren kommt, zu ihm umzukehren!

Wir wollen nicht, dass uns die Sünde von ihm trennt, auch nicht für einen Augenblick. Wir sehnen uns danach, in seiner Liebe zu sein und dort zu bleiben und nicht in unserer Ichsucht stecken zu bleiben. Wir treten eine neue lebenslange Reise an, auf der wir zu Menschen werden, die nicht einfach nur irgendwelche Kopien sind, sondern durch und durch echt, so wie er uns gern haben möchte.

Wenn wir im Gebet und durch das Warten Nein zu unserem Ego sagen, erleben wir, dass dieses seelische Ich allmählich stirbt. Dieses Sterben ermöglicht es dem Heiligen Geist, der in uns lebt, uns mit seinem Leben zu erfüllen. Er war schon die ganze Zeit in uns, aber unser seelischer Bereich reißt ihm immer wieder das Steuer aus der Hand. Der Heilige Geist, das auferstandene Leben Gottes, übernimmt die Herrschaft und gibt uns immer mehr die Kraft, während des Tages Nein zu uns selbst zu sagen. Das kann zum Beispiel bedeuten, dass der Heilige Geist Ihnen zeigt, dass Sie zu viel reden, um damit die Aufmerksamkeit der anderen auf sich zu ziehen. Dann sagen Sie zum Heiligen Geist: »Hilf mir, den Mund zu halten und mich weniger hervorzutun.« Ein solches Gebet erhört er gern.

Ich glaube, die uns verloren gegangene Botschaft, dass wir in sein Bild verwandelt werden müssen, wird uns an allen Bibelstellen, die bisher genannt wurden, deutlich. Während wir warten, bekommt der Heilige Geist Freiraum, in uns zu wirken. Er korrigiert uns, bringt uns zu Jesus, damit wir durch sein Blut gereinigt werden, und er führt uns zur Umkehr von unseren Sünden. Wenn wir von unserem falschen Verhalten umkehren, erleben wir das Leben des Heiligen Geistes in seiner ganzen Auferstehungskraft und Liebe (Apg 2,38).

David sagt: »Durchforsche mich, Gott, sieh mir ins Herz, prüfe meine Wünsche und Gedanken! Und wenn ich in Gefahr bin, mich von dir zu entfernen, dann bring mich zurück auf den Weg zu dir!« (Ps 139,23-24). Ich habe inzwischen die unfassbare Tragweite dessen, was in diesen Versen zum Ausdruck kommt, verstanden. Der tiefe Kern der Sünde in meinem Ego – das Ich, das Mir, das Mein – muss immer wieder vom Heiligen Geist gereinigt werden. Diese Reinigung geschieht täglich, wenn er meine geheimsten Gedanken und mein inneres Wesen ans Licht bringt, beim Namen nennt und ausräumt (Hebr 4). Jessie Penn-Lewis drückt es so aus: »Die ›Werke des Fleisches‹ dringen in den Bereich der Gefühle ein und äußern sich in Selbstliebe, Selbstmitleid, Selbsterhöhung und anderen Formen der Konzentration auf uns selbst. Das muss Sünde genannt werden, auch wenn sie in dieser Form schwerer zu erkennen ist. Sie ist durch unseren Verstand, unsere Gefühle und unsere Zuneigungen und Abneigungen am Werk.«[9]

In dem Maß, in dem wir uns täglich vor dem allmächtigen Gott erniedrigen, kommt unsere Egozentrik im Laufe des ganzen Tages immer mehr unter seine Kontrolle. Es ist schwer, sie inmitten der täglichen Erfahrungen, die auf uns einströmen, unter Kontrolle zu bringen, wenn sie nicht in einer regelmäßigen, festen Zeit mit Gott unter Kontrolle gebracht wurde. Wenn wir unsere Vorstellungen ablegen, wie wir unser Leben aus unserem eigenen Willen heraus führen würden, und uns danach sehnen, dass sein Leben in uns stärker wird, sagen wir Nein zu unserer Ichsucht. Jesus sagt, wenn wir nicht bereit sind zu sterben, werden wir allein bleiben und keine Frucht bringen. Wir werden fleischlich und weltlich bleiben (Joh 12,24-26). In uns steckt eine schmerzliche Einsamkeit, weil wir versuchen, unsere Bedürfnisse außerhalb der Gegenwart Jesu zu stillen. Diese Bedürfnisse werden nur gestillt, wenn wir Nein zu unserem Ich sagen. Dadurch kann der Teil von uns, den Gott für sich bestimmt hat, erfüllt werden. Wir müssen einfach in seiner Gegenwart »sein«.

Menschliche Erfahrungen lehren uns ihre Lektionen, und Versuchungen und Schwierigkeiten demütigen uns. Aber ich bin wirklich davon überzeugt, dass er uns in unserer täglichen Zeit mit ihm in seine Schule nehmen will. In dieser Zeit sind wir mit ihm allein, denken über sein Wort nach oder warten einfach darauf, dass er in unserem Geist spricht. Wir müssen ihm erlauben, unser dunkles, fleischliches Ich, unsere Seele, von unserem Geist zu trennen, damit wir immer mehr die Wahrheit über uns selbst erkennen.

Eine Freundin gestand mir, dass ihre Lebensumstände so unruhig und hektisch waren, dass sie wenig Zeit hatte, vor Gott still zu werden und zu warten. »Ich habe deutlich festgestellt, dass ich viel schneller wütend werde«, sagte sie. »Und ich habe in letzter Zeit nicht mehr halb so viel Geduld wie sonst, wenn ich Gott erlaube, an mir zu arbeiten, und ihm in der Stille meine ungeteilte Aufmerksamkeit schenke und auf sein Handeln warte.«

Wenn wir vor Gott still werden und warten, werden durch das Nachsinnen über Bibelstellen und durch das stille Hören viele großartige Dinge in unserem Inneren geschehen. Wir werden anfangen, ihn so intensiv zu lieben, dass wir uns danach sehnen, selbst tief in unserer Persönlichkeit heilig zu werden. Wir werden uns danach sehnen, dass alles, was ihn beleidigt, aus unserem Inneren ausgeräumt wird, damit wir neu und frisch mit ihm gefüllt werden können. Es gibt nur eine Taufe, aber wir können jeden Tag aufs Neue mit seinem kostbaren Geist erfüllt werden. Charles Spurgeon schrieb:

> *»Ich kann mich nicht selbst überwinden, und ich kann auch meine Sünde nicht überwinden. Trotzdem werde ich nie von dieser Aufgabe lassen, wenn Gott mir hilft, doch ohne Gottes Geist ist diese Aufgabe genauso unmöglich wie die Aufgabe, eine Welt zu schaffen.«*[10]

Gott wird nie zufrieden sein, und auch wir sollten nie zufrieden sein, solange er nicht die Kontrolle über den gesamten seelischen Bereich und unseren menschlichen Geist hat.

Die innere Reise mit Gott ist eine unvorstellbare Geschichte. Ich liebe die Geschichten von der Besiedlung des Westens der USA, aber die Besiedlung unseres Inneren durch Jesus ist ein noch faszinierenderes Abenteuer! Nur Gott kennt die ganze Arbeit, die nötig ist, damit wir in sein Bild verwandelt werden. Er ist ständig dabei, uns in dem Maß, in dem wir es ihm erlauben, zu formen.

Aber unsere Zeit mit Gott kann sich als ein Machtkampf herausstellen, denn der Egoismus in uns will seine Autorität nicht Gott übertragen. Wir werden viele Niederlagen erleben, aber sie werden uns helfen, die Tiefe und die Macht unseres Egoismus zu erfahren. In unserer Zeit mit ihm werden wir immer wieder umkehren müssen. Aber wenn wir nicht müde werden, wird er uns in seine Schule nehmen, und wir werden uns danach sehnen, ihm zu gefallen. Das wird uns wichtiger sein als alles andere.

Im Philipper-Brief beschreibt Paulus, wie unvorstellbar sich Jesus erniedrigt und gedemütigt hat, als er den Himmel verließ und sich unterordnete und gehorsam war, sogar bis zum Tod am Kreuz (Phil 2,1-15). Wenn wir dem Heiligen Geist Freiraum geben, kann er in uns auch diese gehorsame Unterordnung und Erniedrigung bewirken, die Jesus besaß.

Was Gott dazu tut

1. *Jesus versteht unsere Sünde und unsere Schwachheit und begegnet uns mit Gnade und Barmherzigkeit, wenn wir zu ihm kommen.* Die Rolle Jesu Christi als unser Hohepriester wird im vierten Kapitel des Hebräerbriefes beschrieben. Meiner Ansicht nach ist dieses ganze Kapitel ein Bild dafür, wie wir jeden Tag in das Allerheiligste kommen sollen, nämlich in unser Herz, wo er als Hohepriester wohnt. Er ist nicht nur Priester über das Heiligtum im Himmel, er ist auch unser Priester im Tempel unseres Herzens, denn er wohnt in uns (Hebr 8,1-2).

2. *Der Heilige Geist zeigt uns durch das geschriebene Wort Gottes, was aus unserer Seele und was aus unserem Geist kommt (Hebr 4,12).* Wir können ihn bitten, uns zu helfen, das Wort Gottes zu verstehen, wenn wir über die Bedeutung einer Bibelstelle nachsinnen. Das ist eine der wirkungsvollsten Möglichkeiten, vor Gott still zu werden und zu warten. Ich erlebte das, als ich das Buch des Propheten Jesaja, Kapitel 66, Vers 2 las. Der Heilige Geist begann, meine Gefühle ans Licht zu bringen, damit ich sie so sehen konnte, wie sie wirklich waren. Wir haben es nötig, dass er täglich an uns wirkt, denn wir sind so vielschichtig und komplex. Wir neigen dazu, so vieles von dem, was wir fühlen, zu leugnen und unter den Teppich zu kehren. Der Heilige Geist, der Beistand, hilft uns, unseren wahren Zustand klar zu sehen.

Im vierten Kapitel des Hebräerbriefes lesen wir nicht nur von der Ruhe, wenn wir erlöst sind und in Gottes Familie aufgenommen werden, sondern auch von der Ruhe, die wir erleben, wenn wir mit ihm in Frieden leben und ihn in uns wohnen lassen. Ich hatte emotional keine Ruhe, obwohl ich gerettet war. Ich achtete überhaupt nicht auf das, was meine Gefühle mir sagten. Ich hatte keine Ahnung, dass mein eigener Wille so stark war. Wir brauchen Zeit mit Jesus, weil wir die Tiefe unserer emotionalen Verwundbarkeit nicht kennen.

3. *Wenn wir es ihm erlauben, wird der Heilige Geist, wo das nötig ist, die Seele vom Geist trennen, damit wir den Unterschied zwischen diesen zwei verschiedenen Teilen unseres Seins erkennen.* Wir ahnen nicht, wie sehr der seelische Bereich über uns herrscht. Wir verlassen uns viel zu sehr auf uns selbst und wollen viel zu sehr uns selbst verwirklichen. Dabei stützen wir uns vollkommen auf unsere Talente, unsere Möglichkeiten, unsere Ausbildung und unsere Leistung. Wenn wir vor Gott still werden und warten, geben wir dem Heiligen Geist die Möglichkeit, das Messer anzusetzen und das Seelische vom Geistlichen zu trennen, damit wir jeden Bereich so sehen können, wie er wirklich ist. Er hält uns unsere Gefühle vor Augen, damit wir sie sehen und beim Namen nennen können. Er will nicht, dass wir Gefühle wie Wut, Hass und Unversöhnlichkeit beschönigen. Wir müssen die Sünde als Sünde erkennen.

Paulus sagte: »In meinem Innern stimme ich dem Gesetz Gottes freudig zu« (Röm 7,22). Gott lässt zu, dass sein Wort unsere Gefühle offen legt, damit wir die Dinge so sehen können, wie sie wirklich sind. Während wir vor Gott still werden und warten und dafür offen sind, uns von ihm leiten zu lassen, dringt er bis in den Kern aller Situationen und persönlichen Fragen vor, soweit wir es ihm erlauben. Er offenbart uns, wo wir wirklich stehen, sowohl auf seelischem als auch auf geistlichem Gebiet.

4. *Gott will uns helfen, dass wir ihn und uns selbst immer besser verstehen und kennen lernen.* Je älter wir werden, umso deutlicher erkennen wir unsere eigenen Nöte. Liebevoll und tröstend nimmt er sich unserer Sünde an.

Aber das ist nur möglich, wenn wir ihm erlauben, uns zu zeigen, wie es wirklich um uns steht. Oft sind die Gedanken und die Absichten unserer Seele und unseres Geistes so tief vergraben und versteckt, dass wir sie nicht erkennen können. »Der Vater wird euch in meinem Namen den Helfer senden. Der wird euch alles weitere lehren« (Joh 14,26). Wenn wir dem Heiligen Geist erlauben, uns zu »durchsuchen«, damit wir von Sünden, die wir noch nicht bekannt haben, befreit werden, bringt er Reinigung und Heilung in unser Leben.

5. *Wir brauchen keine Angst vor dem zu haben, was er uns zeigen wird, denn er wird uns nicht mehr zeigen, als wir ertragen können.* Je mehr Erfahrung wir mit unserem wunderbaren Lehrer machen, umso mehr werden wir ihm erlauben, uns immer mehr zu zeigen, was in unserem seelischen Bereich steckt. Und wir werden immer mehr zulassen, dass er uns hilft und unsere Not stillt. Wir werden eine immer größere Gemeinschaft mit ihm erleben.

6. *Er wird uns nie verurteilen, sondern er wird uns immer, wenn er uns korrigiert, mit seiner Liebe berühren.* Oft zeigt er uns, dass unsere Absichten und geistlichen Motive ehrlich und offen sind und sich nach ihm sehnen; dieser Bereich unseres Lebens ist vielleicht viel stärker als unser selbstsüchtiger, fordernder, seelischer, egozentrischer Bereich. Unser emotionales Leben, das so verletzt und so geschunden ist, fühlt sich vielleicht oft verdammt und meint, das käme vom Heiligen Geist. Aber Gott

verdammt uns nie! Seine Liebe will immer trösten und nie verdammen (Röm 8,1). Wir verdammen uns selbst aufgrund unserer emotionalen Erfahrungen. Vielleicht wurden wir in unserer Kindheit abgelehnt und falsch verstanden. Diese Erfahrungen werden von unserem seelischen Bereich auf die jetzige Situation projiziert. Der Teufel schürt mit Begeisterung dieses Feuer und lässt uns glauben, Gott lehne uns ab.

Als einmal der Heilige Geist meine Seele und meinen Geist trennte, lehrte er mich, was in meinen Gefühlen und in meinem Verstand vor sich ging, und zeigte mir, wie ich diese Falle der Selbstverurteilung überwinden kann. Ich glaube, nur der Heilige Geist kann jedem Christen zeigen, wie er in seinem persönlichen Leben – denn wir sind einzigartige Geschöpfe – die verheerende Wirkung der Verdammung überwinden kann. Wenn wir vor Gott still werden und warten und über sein Wort nachdenken, zeigt er es uns!

7. *Unser emotionales Leben hat viel Macht, aber der Heilige Geist beleuchtet auch unser Denken, einschließlich unserer Fantasie.* Der Heilige Geist muss unsere Fantasie wieder in Besitz nehmen. Er muss sie reinigen und sie lehren, sich auf Jesus und sein Denken zu konzentrieren. Er zeigt uns, wo unser Denken verzerrt ist, beispielsweise, wenn wir nicht genug dem vertrauen, was Gott tun kann. Er kann zeigen, wie übersensibel wir in unserer Meinung sind. Er kann zeigen, wie negativ unser Denken manchmal ist. Er wird uns bewusst machen, wie sehr wir in unserem Denken von Angst gebunden sind. Wir können versuchen, Gott allein durch den Verstand und die Vernunft kennen zu lernen, aber die Bibel sagt, dass unser Denken durch die Erneuerung des Geistes verändert wird (Röm 12,2). Wenn wir über das Wort Gottes nachdenken, wird sich unser Denken verändern.

Eine junge Frau erzählte mir kürzlich, dass ihr, während sie in der Bibel las und wartete, der Heilige Geist ein selbstzerstörerisches und falsches Denken zeigte, dessen sie sich zuvor nie bewusst gewesen war. Tief in ihrem Inneren hatte sie Zweifel und mangelndes Vertrauen zu Gott. Jesus wollte ihr helfen, dieses Denkmuster zu überwinden, wenn sie es ihm erlaubte. Viele Menschen hatten versucht, sie auf diesen Irrtum in ihrem Denken aufmerksam zu machen, aber sie hatte keinen Blick dafür gehabt. Als sie täglich vor Gott still wurde und wartete – eine völlig neue geistliche Erfahrung für sie –, führte ihr der Heilige Geist ihre Gefühle vor Augen. Zum ersten Mal konnte sie diese Gefühle als das sehen, was sie wirklich waren. Sie sagte sich bewusst von diesen Gefühlen los. Sie bat den Heiligen Geist, ihr zu helfen, ihr sündiges Verhalten zu ändern, sie immer sofort darauf aufmerksam zu machen, wenn sie in dieses Verhaltensmuster rutschte.

8. *Eine der Hauptaufgaben des Heiligen Geistes ist es, uns aus dem seelischen, emotionalen Denken herauszuholen und uns zu helfen, immer mehr so zu denken, wie er denkt.* Unser Stolz und unsere Verteidigungshaltung haben tiefe Wurzeln. Er hat mir gezeigt, dass ich oft um jeden Preis »das Gesicht wahren« will! Er zeigt uns unsere selbstsüchtigen Verhaltensweisen, damit wir sie sehen und ablegen können. Er zeigt uns, wie sehr wir von unseren Gefühlen und sündigen Gedankenprozessen gefangen sind und eher Lügen als seine Wahrheit glauben und nicht einmal den Unterschied zwischen Lüge und Wahrheit erkennen! Er muss sein Skalpell tief ansetzen, um unseren seelischen Bereich auszuschalten, damit wir die Wahrheit so erkennen können, wie sie wirklich ist.

Eine Frau in unserer Gebetsgruppe wurde treu jeden Tag mehrere Stunden lang vor Gott still und wartete.

Sie erzählte mir: »Margaret, ich musste meiner Familie einiges sagen. Ich weiß ganz genau, dass ich Recht habe!«

»Das ist gut so«, sagte ich. Sie wirkte aufgewühlt und emotional erregt. Aber ich wusste, dass sie ihr Leben nach Gott ausrichtete.

Mehrere Tage später bekannte sie: »Ich hatte zwar Recht mit dem, was ich sagte, aber meine Einstellung, mit der ich es sagte, war falsch. Ich musste mich bei meiner Familie entschuldigen.«

»Wie hast du das erkannt?«, fragte ich.

»Als ich in der Bibel las und darauf wartete, dass Gott zu mir sprach, zeigte er mir, dass ich verärgert und vorwurfsvoll gesprochen hatte. Ich war also im Unrecht. Ich musste zu jedem Familienmitglied gehen und um Vergebung für meinen Ärger bitten.«

9. *Gott ist treu und führt uns unser Innerstes vor Augen und erklärt es uns, damit wir den Unterschied zwischen einem christlichen Leben aus emotionaler Selbstliebe und einem Leben aus der Liebe des Heiligen Geistes kennen lernen.* Im Hebräerbrief lesen wir, dass korrigierende Schläge, Unterordnung oder Strafe nötig sind, damit wir an seiner Heiligkeit, seiner Reinheit teilhaben können (Hebr 12,10). Wir sind nicht Söhne und Töchter des Allerhöchsten, wenn wir ihm nicht erlauben, uns zu korrigieren (Hebr 12,8). Manchmal muss seine Korrektur schmerzhaft sein, weil wir einen so starken Willen haben. Dann kann es sein, dass er uns bestraft oder hart mit uns umgeht!

Ich bin von ganzem Herzen davon überzeugt, dass eine regelmäßige Zeit des Gebets und Wartens auf Gott ihm die Möglichkeit gibt, uns als seine Kinder zu behandeln und uns täglich von jeder Bitterkeit und Sünde zu reinigen. Wenn er uns das täglich zeigt, während wir warten und über sein Wort nachdenken, können wir die Sünde in unserer emotionalen Einstellung oder unserer geistigen Sichtweise überwinden. Bitterkeit ist für uns alle so gefährlich und zerstörerisch. Sie darf nicht über uns herrschen, weil wir lang genug in Gottes Gegenwart sind, um seine liebende Korrektur zu erfahren und in die Freiheit zu gelangen, die seine Söhne und Töchter genießen dürfen.

Aber wenn wir nicht täglich für sein Wort und seinen Geist offen sind, bleibt unser Leben meistens im seelischen Bereich stecken, und wir fragen uns, warum wir so wenige Siege erleben. Hiob drückte es so aus: »Wenn jemand Gott die Schuld bekennt und sagt: ›Ich habe mich verfehlt, ich tu's nie wieder! *Zeig mir die Fehler, die ich selbst nicht sehe.* Das Unrecht, das ich tat, ich tu's nicht mehr‹« (Ijob 34,31-32; Hervorhebung durch die Verfasserin). Kurz vorher spricht er von Menschen, die eine andere Einstellung vertreten: »Das tut er, weil sie ihm nicht folgen wollten und seinen Willen nie beachtet haben« (Ijob 34,27). Anders als Hiob weigerten sich diese Menschen, sich von Gott die Wahrheit zeigen zu lassen.

Wenn wir täglich eine gewisse Zeit mit Gott allein verbringen, bekommt der Heilige Geist Gelegenheit, uns die Augen zu öffnen, uns mit unserem Fehlverhalten zu konfrontieren, uns zu korrigieren und uns die Kraft zu geben, uns mit einem Schmerz und einer Reue, wie Gott sie haben will (2 Kor 7,10), »zu bessern« (Ez 3,18). Ohne seine Gnade und Barmherzigkeit und ohne unsere Ehrlichkeit und Offenheit sind wir verkrüppelt und gebunden.

10. *Der Heilige Geist sehnt sich danach, uns die Ruhe zu zeigen, die wir haben können, wenn wir unserem Hohepriester Jesus erlauben, Hohepriester unseres Lebens zu sein.* Viele Christen haben nie etwas von der Rolle des Heiligen Geistes, der in uns lebt, gehört. Viele sind nie vor Gott still geworden und haben auf seine Hilfe gewartet. Viele haben noch nie ihre große Not erkannt und leben ihr ganzes Leben als Christen mit der Last derselben lähmenden persönlichen Probleme. Viele wissen nichts von ihren emotionalen oder geistigen Sünden und ihrem falschen Verhalten. Wenn sie anfangen würden, täglich Zeit mit Gott zu verbringen, könnten und würden sie geheilt werden.

Kein Wunder, dass der Teufel den Dienst des Heiligen Geistes in unserem Inneren so schlecht macht. Er wird ignoriert, vernachlässigt, verspottet oder heruntergespielt. Aber die Wahrheit ist, dass nur derjenige ein Leben als Christ führen kann, in dem der Heilige Geist wohnt. Wenn wir geistlich die Einsichten verarbeiten, die wir durch das schonungslose Offenlegen bekommen, bekommen wir eine zunehmende Intimität mit dem Vater, dem Sohn und dem Heiligen Geist. Jede einzelne Phase durchzuarbeiten bringt uns großen Frieden und Ruhe und darüber hinaus ein immer stärkeres Bewusstsein dafür, dass er uns liebt und uns hilft. Wir kennen ihn besser und kennen uns selbst besser und er schenkt uns Mitgefühl und Liebe zu anderen und zu uns selbst.

Viele ernsthafte Christen heute haben wenig, wenn überhaupt irgendein Vertrauen in das Wirken des Heiligen Geistes in ihnen. Ihr christliches Leben ist hauptsächlich äußerlich und trägt sich aus dem seelischen Bereich heraus selbst. Sie leben mit Niederlagen und in Unwissenheit, weil sie versuchen, ihr Leben selbst in die Hand zu nehmen. Der Heilige Geist möchte, dass die Kraft Jesu Raum bekommt, dass er durch sie und durch uns sein Leben führen kann.

Ich glaube, Heiligkeit vor Gott bedeutet, ihn so vollkommen

und in immer größerem Maße zu lieben, dass ich jeden Tag mit einem immer stärkeren Wunsch, bei ihm zu sein, in meine Gebetsecke komme. Dann gebe ich ihm die Erlaubnis, die Kontrolle zu übernehmen, mir zu zeigen, was ich wissen muss, und mich in eine tiefe Umkehr zu führen. Ich weigere mich, aus meinen Gefühlen, meiner Persönlichkeit und meinem eigenen Willen heraus zu handeln. Außerdem offenbart er mir mein falsches Denken. Seine Korrektur bringt Leben.

Was wir dazu tun sollen

Jahrhundertelang schrieben die großen Heiligen, dass die Menschen nichts Besseres tun können, als vor Gott still zu werden und zu warten. Der Grund dafür ist, dass das Warten die Tür für Gottes Handeln öffnet. Die Bibel zeigt dafür viele Beispiele und betont es immer wieder. Ich möchte nur ein Beispiel nennen: »Wenn ihr gelassen abwartet und mir vertraut, dann seid ihr stark« (Jes 30,15).

Wir erkennen nicht, was er alles in uns tun muss, um uns in das Bild Jesu zu verwandeln. Wenn wir anfangen, vor ihm still zu werden und zu warten, fangen wir auch an, ihn immer deutlicher zu erkennen. Wir sehen dann auch, welche tief greifenden Veränderungen in uns nötig sind. Die sündigen Eigenschaften unserer eigenen Anstrengung (Energie) und Selbstüberschätzung (Einstellung) reichen bis in den Kern unserer Existenz hinein. Das seelische Leben will nicht aufgeben, in uns zu regieren. In seinem Buch *The Spiritual Man* sagt Watchman Nee:

> *»Das seelische Leben versucht, Gott zu dienen. Aber das geschieht immer nach den Vorstellungen der Seele, nicht nach Gottes Vorstellungen. Es wird immer versuchen, sich dem Heiligen Geist zu widersetzen und ihn zu unterdrücken, indem es sich auf seine eigene Kraft stützt, ohne sich ganz und gar auf Gottes Gnade zu verlassen. Der seelische Bereich hat große Energien und einen starken eigenen Willen. Selbstmitleid, Selbstliebe, Leidensangst, hinter der vorrangig unser Selbst-*

erhaltungstrieb steht, sind Eigenschaften der Seele, die ausgeräumt werden müssen. Der seelische Bereich wird immer dagegen kämpfen, das Kreuz auf sich zu nehmen und der Egozentrik zu sterben. Nur der Heilige Geist kann uns durch das Gebet die Kraft geben, unserem eigenen Willen zu sterben.«[11]

Mit anderen Worten: Unsere Bedürfnisse sind stärker und viel größer, als wir es selbst begreifen können. Der Heilige Geist muss uns den Blick dafür schenken. Die heilige Teresa von Avila sagte einmal: »Wie sehr ich versage, wie sehr ich versage, wie sehr ich versage – ich könnte es tausendmal sagen. Ich schaffe es nicht, für dich alles andere loszulassen.«[12]

Deshalb brauchen wir am dringendsten eine zunehmende Bereitschaft, offen und demütig zu sein, wenn wir vor Gott still werden und warten. Das ist nicht leicht, besonders dann nicht, wenn wir erleben, wie er ans Licht bringt, was in uns steckt. Wir werden uns wünschen, dass er damit aufhört, weil der Schmerz so groß ist. Aber dic Freude ist riesengroß, wenn wir verstehen, was er uns zeigen will. Wir müssen ihm nur erlauben, uns zu helfen. Er ist so zart, so freundlich, so heilsam, wenn wir ihm erlauben, die »kleinen Götzen« und emotionalen Ersatzgötter ans Licht zu bringen, die uns hindern, mit ihm Gemeinschaft zu haben. Es ist eine Freude, darauf einzugehen, wenn er liebevoll aber ernst korrigiert, was so zerstörerisch und schädlich in unserem Leben war. Hüten Sie sich davor zu glauben, Sie wüssten es besser als der Heilige Geist, und machen Sie keinen Rückzieher und folgen Sie ihm weiter nach. Er deckt grundlegende Probleme in unserem Leben auf, wenn wir vor Gott still werden und warten. Er gibt uns die Kraft, weiterzumachen.

1. *Wir müssen den Mut aufbringen, uns auf dieses große, innere Abenteuer mit dem Heiligen Geist einzulassen.* Der Heilige Geist gibt uns den Mut, den wir brauchen, wenn wir täglich zu ihm kommen, warten, hören und über sein Wort nachsinnen. Sein Leben in uns wird sichtbar, wenn wir in der Bibel und durch die Bibel auf ihn schauen. Das ist die unglaubliche Macht der Auferstehung, der Heilige Geist, der uns helfen will, wenn wir vor Gott still werden und warten (Ps 33,20-21).

Es erfordert Mut, auf Gott zu warten, sich täglich Zeit zu nehmen, um unsere innere Armut und unsere Schwachheit zu sehen, um für eine Weile damit aufzuhören, aus uns selbst heraus – in welcher Form auch immer – zu handeln, und unsere innere Dunkelheit zu akzeptieren, statt sie zu leugnen. Irgendwann müssen wir dieser Wirklichkeit ins Auge sehen. Warum also nicht lieber früher als später, denn er will uns helfen und hat immer Zeit für uns.

2. *Wir müssen seine Hilfe annehmen und dürfen uns nicht gegen sie wehren, wenn er uns immer mehr zeigt, was in uns steckt.* Wenn wir davor davonlaufen, unsere Selbstgenügsamkeit zu sehen, die versucht, den Heiligen Geist von seinem Platz zu verdrängen, wird unser Leben nie »neu geschaffen« sein, wie Paulus es nennt (Gal 6,15). Diese »neue Schöpfung« ist ein Mensch, der täglich sein Kreisen um sich selbst und sein Arbeiten aus sich selbst heraus ausräumen lässt, damit das Leben Gottes in ihm die Oberhand über den seelischen Bereich gewinnen kann. Dann können wir anfangen, aus dem Heiligen Geist heraus zu leben, der in unserem menschlichen Geist aktiv ist, und nicht aus uns selbst und aus der Kraft unserer Egozentrik. Wenn wir nicht aufhören, uns auf uns selbst zu konzentrieren, ist das unser Tod.

Während wir vor Gott still werden und warten, handelt er und lebt immer stärker in uns. Paulus drückte es so aus: »Ich bin mit Christus am Kreuz gestorben. Darum lebe nun nicht mehr ich, sondern Christus lebt in mir« (Gal 2,19-20). Wenn unser menschliches Ego nicht mehr die Kontrolle hat, sondern abgelegt wird, *kann* Christus in und durch uns leben. »Ich weise die Gnade Gottes nicht zurück« (Gal 2,21). Wir lassen uns auf seine Art, die Dinge anzugehen, ein.

An einer anderen Stelle sagte Paulus: »Ich erleide fortwährend das Sterben, das Jesus durchlitten hat, an meinem eigenen Leib. Aber das geschieht, damit auch das Leben, zu dem Jesus auferweckt worden ist, an mir sichtbar wird« (2 Kor 4,10). Das heißt, dass wir uns mit seinem Tod identifizieren müssen, dass wir unser Leben verlieren, es loslassen müssen, damit sein Leben in uns Raum gewinnen kann.

3. *Wir müssen bereit sein, uns gegen unser eigenes Ego zu*

wehren, damit wir nicht während unserer Zeit mit Gott aus eigener Kraft operieren. Die Selbstverleugnung, die wir in unserer Zeit allein mit Gott praktizieren, damit wir lernen können, diese Einstellung während des ganzen Tages beizubehalten, ist ein völlig neuer Lebensstil. Es ist aufregend, befreiend und erfüllend, darauf zu warten, dass er die Kontrolle übernimmt, dass er spricht, dass er uns führt, statt aus meinem besten Wissen heraus zu handeln! Wenn sein Leben sich mit meinem vermischt und ich ihm erlaube, Herr zu sein, ist das eine aufregende Erfahrung, die mir hilft, mich ihm unterzuordnen.

In der Begegnung zwischen Jesus und Petrus am Seeufer bekommen wir ein ausgezeichnetes Beispiel dafür, wie effektiv es ist, zuerst auf Jesus zu hören, bevor wir loslaufen und aus eigener Kraft heraus handeln. »Fahr hinaus auf den See und wirf mit deinen Leuten die Netze zum Fang aus«, sagte Jesus eines Tages zu Simon Petrus. »Herr, wir haben uns die ganze Nacht abgemüht und nichts gefangen«, entgegnete Petrus. »Aber weil du es sagst, will ich die Netze noch einmal auswerfen« (Lk 5,4-5). Das Netz war nicht nur voll, sondern drohte zu reißen! Petrus' eigene Anstrengungen hatten keinen Erfolg gebracht, aber sein Gehorsam gegenüber Jesu Wort brachte ihm Fische im Überfluss.

Die Herausforderung an uns ist es, immer offener und bereiter zu sein, uns vom Heiligen Geist unsere völlige Hilflosigkeit zeigen zu lassen. Wir können ihn nicht kontrollieren, wenn wir warten; wir können von ihm nur empfangen, was er geben will (Ps 145,15-21). Wenn wir vor Gott still werden und warten, üben wir uns darin, unsere Interessen und unseren Willen zugunsten seiner Interessen und seines Willens abzulegen. Das ist eine neue Rolle für uns. Man darf nicht vergessen, dass Jesus sich bewusst dafür entschied, hilflos und machtlos zu sein, damit der Vater durch ihn wirken konnte. Er ist unser Vorbild. Er hat uns vorgelebt, wie man bereit wird, nichts zu tun, es sei denn, etwas ist von Gott (Joh 5,19.30; 8,28-29).

4. *Wir müssen außerdem bereit sein, in unserer Zeit mit Gott uns immer mehr zu erniedrigen und in unserer ganzen Einstellung mehr Sanftheit und Unterordnung zeigen.* Andrew Murray drückt es so aus: »Lernt bei jeder Not und jedem Versagen zu

sagen: Ich habe zu wenig auf Gott gewartet, denn sonst hätte er mir zu seiner Zeit alles gegeben, was ich brauche.«[13]

Je älter ich werde, umso stärker ist meine Abhängigkeit von ihm und umso stärker soll sie auch sein; und umso mehr sollte Gott in mir zu sehen sein. Auch hier muss ich zugeben, wie ungenügend ich auf die Gnade Gottes reagiere, obwohl ich mir viel Zeit nehme, um vor ihm still zu werden und zu warten. Es ist ein Wunder, dass der Heilige Geist so großzügig zu mir ist, obwohl ich manchmal so darauf bedacht bin, ihm aus dem Weg zu gehen. Er scheint jeden Versuch, den ich unternehme, vor ihm still und ruhig zu sein, zu lieben, und er steht viel gnädiger und großzügiger zu seinem Wort, als wir je begreifen können. Es ist eine große Freude, wenn wir erleben, wie seine Gegenwart wieder spürbarer wird. Gott schenkt uns diese Freude reichlich, egal wie armselig unsere Versuche ausfallen, vor Gott still zu werden und zu warten.

Wir sind herausgefordert, unser ganzes Leben immer stärker dem Sohn Gottes unterzuordnen. Das können wir Tag für Tag einüben. Wenn wir uns von dem äußerlichen Leben losreißen, das unser Leben so sehr beherrscht, und alles Tun einstellen und uns vor ihm beugen und ruhig werden, um ihn zu sehen, kommen wir immer näher zu dem Heiligen Geist, der in uns wohnt. Er hilft uns, immer mehr bereit zu sein, uns auf seine Seite zu stellen, wenn wir unsere Enttäuschungen und unsere Unzufriedenheit über unsere »Leistungen« in der äußeren Welt zu ihm bringen. Wir merken, dass wir von diesen Leistungen mehr Erfüllung erwarten, als sie in Wirklichkeit bringen. Aber in zunehmendem Maß stellen wir fest, dass das, was aus unserer eigenen Kraft und aus unserem eigenen Planen herauskommt, nie wirklich befriedigen kann; denn nur er kann uns satt machen (Ps 107,9).

Täglich Zeit mit der Bibel zu verbringen und darauf zu warten, dass der Heilige Geist unsere Absichten und Motive ans Licht bringt, ist kein schneller und einfacher Prozess. Aber mir die Zeit zu nehmen, die nötig ist, um in einer demütigen Haltung über eine Bibelstelle nachzusinnen, ist ein Teil meiner Bereitschaft, Ton in der Hand des Töpfers zu sein. Ich kann das nicht oft genug betonen. Fast die letzten Worte, die meine Mutter zu mir sagte, waren: »Du musst mehr Zeit mit dem Wort Gottes verbringen.« Ich nehme ihre Mahnung ernst.

5. *Wenn wir merken, dass wir die Hilfe von Menschen brauchen, müssen wir dafür beten, dass Gott uns einen reifen Christen zeigt, der bereit ist, uns weiterzuhelfen.* Heute wird sehr viel Betonung darauf gelegt, dass Seelsorge und Beratungsgespräche Menschen bei ihren Problemen helfen können. Die Bibel spricht tatsächlich davon, dass ältere und weisere Menschen denen, die jünger sind, helfen sollen. Paulus fordert ältere Männer und Frauen auf, die jüngeren Männer und Frauen zu lehren, ein gottesfürchtiges Leben zu führen (Tit 2,1-8). Ich bin zutiefst von diesem biblischen Prinzip überzeugt, aber ich stelle fest, dass im Leben vieler Christen diese Praxis heute schmerzlich fehlt. Die Hilfe, Bestätigung, Korrektur und Liebe, die aus einem solchen Austausch entstehen kann, ist sehr stark und wird dringend gebraucht.

Ich glaube, Seelsorge und Beratungsgespräche sind wertvolle Möglichkeiten, Menschen zu helfen, mit ihrer Ichsucht und ihrer Verwundbarkeit umzugehen, wenn dies in einem christlichen Rahmen geschieht. Die Bibel sagt: »Wo viele Ratgeber sich einig werden, da ist Sicherheit« (Spr 11,14). Es ist gut, zu anderen zu gehen, besonders wenn die Jüngeren zu den Älteren gehen, aber ich fürchte, wir haben die Menschen zu wenig darüber aufgeklärt, dass sie direkt zu Jesus gehen und von ihm lernen dürfen (Joh 5,40-44). Leider gehen wir normalerweise eher zu jedem anderen, als dass wir zum Heiligen Geist kommen. Unsere Gemeinden sind voll mit Menschen, die jeden Gottesdienst besuchen, aber das Gefühl haben, dass sie nicht zu Gott kommen können, geschweige denn, ihn sprechen hören können. Viele haben sogar das Gefühl, dass sie überhaupt keine enge Beziehung zu ihm erfahren können.

Diese Menschen glauben zwar an Gott, aber sie haben noch nie gehört, dass sie vor Gott still werden und warten können. Jesus spricht davon, dass die Schafe die Stimme ihres Hirten hören. »Und er ruft die, die ihm gehören, einzeln beim Namen und führt sie ins Freie« (Joh 10,3). Er spricht weiter: »Sie folgen ihm, weil sie seine Stimme kennen. Einem anderen Menschen werden sie niemals folgen. Im Gegenteil: Sie werden vor ihm davonlaufen, weil sie seine Stimme nicht kennen« (Joh 10,4-5). Jesus fügt hinzu: »Ich bin der gute Hirt. Ich kenne meine Schafe, und sie kennen mich« (Joh 10,14).

Als Ehe- und Familienberaterin begegne ich vielen Menschen, die die Stimmen in ihrem Inneren verwechseln und jede Stimme Gott zuschreiben. Ich bin mir der Gefahr sehr wohl bewusst, die darin steckt, wenn labile Menschen Gott »hören«. Nichts hat dem biblischen Prinzip, vor Gott still zu werden und zu warten, mehr Schaden zugefügt als Berichte von labilen Menschen, die meinen, sie »hätten ein Wort von Gott«, das sie dann überall weitergeben. Deshalb brauchen die Jüngeren und Unerfahreneren einen reiferen Menschen, der Erfahrung damit hat, in der Stille auf Gottes Stimme zu warten und sie zu hören. Dieser Mensch kann ihnen helfen, festzustellen, ob wirklich Gott zu ihnen gesprochen hat. Stabilität, Erkenntnis, Lehre, ein Weitergeben des Glaubens an andere und Korrektur sind oft die Folge davon.

Viele Menschen, die nicht zu Gott gehen und warten können, weil ihnen die nötige Lehre und geistliche Leitung fehlt, haben eine unerfüllte, unpersönliche, distanzierte Beziehung zu Gott. Wenn man nie vor Gott still wird und wartet, ist das weitaus gefährlicher, als wenn diese Versuche »armselig« ausgehen. Es ist erstaunlich, wie wunderbar Gott Christen durch Umstände, ein wenig gemeinsame Zeit und ein bisschen Hören und Warten führen und leiten und begleiten kann. Aber er hat eine Festtafel für uns gedeckt. Wie bedauerlich, wenn wir freiwillig nur von Wasser und Brot leben, obwohl wir Milch und Honig haben könnten! Er sehnt sich danach, zu uns zu kommen (Hld 2,4).

Je mehr wir von uns selbst loslassen, wenn wir vor Gott still werden und warten, umso mehr vertieft er unsere Fähigkeit, von Gott etwas zu empfangen. Am Ende dieses Kapitels schlage ich vor, dass Sie anfangen, fünf bis zehn Minuten am Tag vor Gott still zu werden und zu warten. Nach ein paar Wochen oder Monaten können Sie um fünf Minuten verlängern, und dann um weitere fünf bis zehn Minuten. Zwanzig bis dreißig Minuten während Ihrer täglichen Stillen Zeit auf Gottes Sprechen zu warten, wird Ihr Leben verändern und alle Bereiche Ihres Lebens berühren.

Kapitel 8

Ausharren

»Haltet durch, dann werdet ihr das wahre Leben gewinnen!«
(Lk 21,19)

Ich konnte von ganzem Herzen mit dem aufrichtigen jungen Mann in meiner Praxis mitfühlen. Er erklärte mir, wie traurig es ihn mache, dass ihm der Stress in der Arbeit die Ruhe raube und ihm Sorgen bereite. Er wusste, dass eine solche Hektik weit von der Ruhe und dem Frieden entfernt ist, die ein untrügliches Zeichen für den Heiligen Geist in uns sind.

»Meine Zeit, in der ich bete und vor Gott still werde und warte, tut mir so gut. Jesus ist wirklich da, aber sobald ich mein Büro betrete und an die Arbeit gehe, falle ich immer wieder meinem Versagen und der Verzweiflung zum Opfer. Ich weiß, dass ich Jesus in meiner Gebetsecke zurücklasse und zu meiner starken Persönlichkeit und zu meinem eigenen Willen zurückkehre. Es muss doch eine Lösung dafür geben! Wie kann ich nur diese beiden Bereiche miteinander in Verbindung bringen?«

Ich verstand, was er damit sagen wollte. In den ersten Tagen, in denen ich vor Gott still wurde und wartete, fühlte ich mich so gut in meiner Stunde oder den anderthalb Stunden, die wir jeden Morgen miteinander verbrachten. Aber oft war ich schon um die Mittagszeit wie erschlagen und hatte längst keinen inneren Frieden mehr. Ich hatte zu viel geredet, ich hatte meine »unschätzbar wertvolle« Meinung und meine Ansichten zum Besten gegeben, auch wenn ich zuhören und mit mehr Mitgefühl und Liebe hätte sprechen sollen.

Aus unserer fleischlichen Persönlichkeit heraus zu leben ist wie unser zweites Ich, weil wir es unser Leben lang getan haben. Jesus muss viel mehr Raum gewinnen, als uns bewusst ist. Nur so kann er die Kontrolle und Herrschaft über unsere Selbstsicherheit bekommen. Aber wenn wir täglich Zeit in der Stille vor ihm verbringen, beginnt die Quelle seiner Gnade und Barmherzigkeit zu fließen (Jer 2,13; Jes 27,3).

Ich musste oft erleben, dass ein hässlicher Teil von mir an die Oberfläche kam, wenn ich beispielsweise Veranstaltungen besuchte. Mein Ego und mein seelischer Bereich übernahmen die Oberhand. Gedanken kamen mir in den Sinn und Worte kamen aus meinem Mund, die mich erstaunten. Hatte ich nicht erst an diesem Morgen Zeit mit Gott verbracht? Aber meine Worte spiegelten nicht die Liebe zu Gott wider, sondern meine Egozentrik.

Nichts schockiert, entmutigt und betrübt einen Menschen, der von ganzem Herzen Jesus nachfolgen will, mehr als die Sünde des Egos. Aber ich war es so sehr gewohnt, dass meine Persönlichkeit und mein Wille die Herrschaft übernahmen. Diese Angewohnheit wurde ich auch nach einer Erfahrung mit dem Heiligen Geist, die mein Leben veränderte, nicht los. Und auch nicht dadurch, dass ich ihm mein Leben und meinen Willen übergab. Nach der einschneidenden Erfahrung mit dem Heiligen Geist gab es eine Zeit, in der er mehr die Kontrolle innehatte, aber ich erlebte trotzdem immer wieder Zeiten, in denen ich restlos versagte. Ich musste darüber weinen.

Eines Morgens führte mich der Heilige Geist in meiner Stillen Zeit zu Psalm 46. »Seid stille und erkennt, daß ich Gott bin« (Ps 46,11, Luther). Der Heilige Geist zeigte mir, dass er mir nur dann, wenn ich den ganzen Tag in seiner Gegenwart und in dem stillen Frieden, mit dem er mich erfüllte, blieb, sein Wesen zeigen konnte. Nur so konnte ich ihn auch in den Bereichen meines Lebens erfahren, die von ihm noch nicht berührt und erfüllt waren. Er half mir zu verstehen und lehrte mich, dass ich nicht nur in meiner Zeit mit ihm am Morgen vor Gott still werden und warten sollte. Es sollte auch meine Grundhaltung während des ganzen Tages sein! Es war ein Schock für mich, die Freiheit aufzugeben, so sprechen und handeln zu können, wie ich es meiner Meinung nach tun sollte! Ich hielt es nicht für möglich, dass ich mich so tief seinem Willen unterordnen könnte.

»Ich möchte, dass du dich eine Woche lang beherrschst und

nicht sagst, was du denkst«, sagte der Heilige Geist. »Bleib nicht nur in dieser einen Stunde am Morgen ruhig vor mir, sondern versuche, den ganzen Tag lang diese ehrfürchtige Haltung vor mir einzunehmen. Ich werde dir erlauben zu sprechen, aber nur, wenn ich darauf vertrauen kann, dass du mich sprechen lässt und nicht dich selbst.«

»Ja, aber, Herr, einige Leute schätzen meine Meinung sehr«, erwiderte ich. »Sie werden meinen, ich hätte kein Interesse an ihnen, wenn ich ihnen nicht meine Meinung zu allem sage. Sie erwarten von mir, dass ich das Wort ergreife!«

»Was sie denken, ist unwichtig. Ich möchte, dass du mir gehorchst«, beharrte er. »Weite eine Woche lang das Schweigen und die Stille, mit der du morgens zu mir kommst und wartest, auf den ganzen Tag aus. Halte den Mund und hör in deinem Herzen, was ich dir sage. Lass andere mehr zu Wort kommen, und sprich du weniger!«

Diese Anweisung brachte mich fast um. Kollegen meinten, ich sei krank. Sie wandten sich an mich und warteten auf meine Stellungnahme. Anfangs öffnete ich automatisch den Mund, aber der Heilige Geist hielt mich zurück und erinnerte mich an unsere Abmachung, dass ich eine Woche lang schweigend warten wollte. Schnell schloss ich wieder den Mund und entschuldigte mich dafür, dass ich so vehement gesprochen hatte. Ich lernte zu antworten: »Es interessiert mich mehr, deine Meinung dazu zu hören.«

Am vierten oder fünften Tag machte sich in mir Erleichterung breit, dass ich nicht jedem widersprechen und nicht jeden zurechtweisen musste. Am faszinierendsten dabei war, dass Gott mir einen tiefen Frieden schenkte. Seine Gegenwart war auch weiterhin stark und angenehm in mir, nicht nur in meiner morgendlichen Zeit mit Gott, sondern auch in jedem anderen Augenblick des Tages.

»Hast du Grippe oder was ist los mit dir?«, fragte mich eine Freundin gegen Ende der Woche.

»Nein, körperlich geht es mir ausgezeichnet, aber der Heilige Geist hat mir gesagt, ich solle ruhiger werden und mehr auf ihn hören. Das kann ich nur, wenn ich viel weniger rede!«

»Ach so! Ich dachte schon, es sei etwas Schlimmes passiert!« Meine Freundin hatte keine Ahnung von den Auswirkungen, die diese Vereinbarung auf mich hatte, und von den Veränderungen, die sie in meinem Leben auslöste.

Schließlich ging die Woche zu Ende. Sie war mir viel länger vorgekommen als jede andere Woche, und ich sagte zum Heiligen Geist: »Herr, das war wirklich hart. Ich bin ehrlich froh, dass es vorbei ist. Ich weiß, dass es mir gut getan hat, auch wenn ich es nicht besonders genossen habe. Ich weiß nicht, wie erfolgreich es war, aber wenigstens habe ich es versucht. Jetzt können wir uns um etwas anderes kümmern, nicht wahr?«

»Ehrlich gesagt, habe ich es sehr genossen. Versuchen wir es doch noch eine zweite Woche«, kam die Antwort. »Aber ich möchte, dass du noch einen Schritt weiter gehst. Ich schlage vor, dass du für den Rest des Jahres mittags nicht mehr ins Lehrerzimmer kommst. Immer, wenn du dort bist, handelst du aus deinen Gefühlen heraus und nicht aus der Beziehung zu mir. Du sprichst hart und kritisch. Das tut mir nicht gut, und es schadet dir und deinem Gebetsleben. Ich möchte, dass du für lange Zeit von diesem Zimmer fernbleibst.«

Seine Worte bohrten sich wie glühende Pfeile in mein Herz! Wie sehr sie die Wahrheit trafen! Mein Bedürfnis, immer das letzte Wort zu haben, war so stark. Ich hatte das Lehrerzimmer oft niedergeschlagen verlassen und musste mich vom Heiligen Geist korrigieren lassen. Wiederholt hatte ich mich bei meinen Kollegen entschuldigen müssen. Ich konnte jede Menge Episoden aufzählen, in denen ich mich nicht richtig verhalten hatte.

Der Heilige Geist erinnerte mich an eine Stelle im Buch des Propheten Hosea: »Setze deine Hoffnung *immer* auf mich, deinen Gott!« (Hos 12,6; Hervorhebung durch die Verfasserin). Ich erkannte, dass es nicht nur eine einmalige Erfahrung am Morgen war, vor Gott still zu werden und zu warten. Es ist eine Lebenseinstellung. Dazu gehört auch, dass ich dem Heiligen Geist jeden Augenblick meines Tages Zeit und Raum gebe und ihm meine Aufmerksamkeit schenke. Auf diese Weise lebe ich nicht aus meinen Gefühlen und meinem Denken heraus. Stattdessen kann er mich jeden Augenblick führen. Er kann ständig zu mir und durch mich sprechen und seine Liebe in mich ausgießen. Er wollte, dass ich mich ihm nicht nur für kurze Zeit am Tag unterordnete, sondern den ganzen Tag. Und das jeden Tag.

»Soll das heißen, dass ich den ganzen Tag lang im Allerheiligsten bleiben kann? Ist das wirklich möglich?«, fragte ich.

»Ja«, antwortete er. »Das ist Teil deines Erbes (Ps 47,5). Ich bin immer für dich da. Lass mich dich lehren, wie du den ganzen Tag in meinem Allerheiligsten bleiben kannst. Wenn du am Morgen zu mir kommst, musst du nicht einen so weiten Weg zurücklegen, denn du gehst nicht mehr die anderen Stunden des Tages deine eigenen Wege. Du brauchst so lang, bis du meine Gegenwart bemerkst, weil du so lange allein in einem ›fremden Land‹ warst (Lk 15,11-20). Du wirst oft versagen, aber selbst diese Erfahrungen werden dich zu mir zurückholen. Das kannst du nicht aus deinem Fleisch heraus tun. Ich zeige und helfe dir, wie du bei mir ›bleiben‹ kannst.«

Der Heilige Geist sprach davon, wie es ist, den ganzen Tag in Jesu Liebe zu bleiben, genauso wie ein Zweig sich nie freiwillig von einem Weinstock, der in der Erde verwurzelt ist, losreißt, sondern fest daran hängen bleibt. Jesu Versprechen, dass wir in ihm bleiben dürfen und er in uns bleiben wird (Joh 15), gilt jedem, der ihm sein Leben übergeben hat, nicht nur ein paar auserwählten Menschen.

Während dieser Erlebnisse musste ich an Frank Laubachs *Game with Minutes* und Bruder Lawrences *Practicing the Presence* denken. Ich hatte immer gedacht, diese Männer müssten etwas Besonderes, so eine Art Superchristen sein, wenn sie ein solches Leben führen können, von dem sie in diesen Büchern schreiben. Aber der Heilige Geist sprach tief in mein Herz: »Allen, die an Jesus glauben, ist ein neuer und lebendiger Weg geöffnet worden. Dieser Weg wurde mit Blut erkauft. Du kannst vertrauensvoll und zuversichtlich näher treten. Ich will, dass du bei mir im Allerheiligsten bleibst, egal, wie dein Tagesplan aussieht« (Hebr 10,19-23).

Diese Worte waren eine große Ermutigung für mich! »Herr, lehre mich; Heiliger Geist, lehre mich; Vater, lehre mich, wie ich den ganzen Tag in deiner Nähe bleiben kann. Lehre mich, dir die

Kontrolle zu überlassen. Hilf mir, mich dir unterzuordnen und die Bedürfnisse meines Ego zu ignorieren. Hilf mir, dass ich damit zufrieden bin, dir die ganze Vollmacht zu überlassen« (Ps 123,2). Ich erinnerte mich an Thomas Kelly, der so sehr in Christus blieb, dass er die letzten drei Jahre seines Lebens in ununterbrochener Gemeinschaft mit dem Heiligen Geist, der in ihm lebte, verbrachte. »Wie glücklich ist das Volk ... Es lebt in deiner segensreichen Nähe. Es freut sich täglich, weil du sein Gott bist« (Ps 89,16-17). Elton Trueblood kannte Kelly in jenen Jahren. Er sagte: »Thomas Kelly ist so viel mit Jesus zusammen, dass Jesus durch ihn hindurchscheint.« Wie sehr ich mich danach sehnte, dass das auch für mich gelten würde – jeden Augenblick von seiner heiligen Gegenwart erfüllt zu sein, während mein Leben immer mehr von ihm zeigte und immer weniger von mir! Ich sehnte mich danach, dass seine heilende, liebende Gegenwart aus mir herausströmt in allem, was er durch mich tun will.

Es ist sicher mehr als eine Stunde am Tag nötig, um so zu werden wie er. Um uns von unserer Egozentrik zu reinigen, braucht Gott jede Stunde unseres Lebens! »Die Tragödie ist es, dass wir zwar für die Freiheit geschaffen sind, aber trotzdem nicht wirklich frei sind, denn wir sind durch unsere eigene Egozentrik gebunden«, schreibt Trueblood. »Wir setzen uns auf den Platz, auf dem Gott sitzen sollte.«[14]

Was Gott dazu tut

Eine junge Frau in unserer Gebetsgruppe hatte den immer größeren Wunsch, den ganzen Tag in ihrem Herzen auf Gott zu hören, auch dann, wenn sie ihrer Arbeit nachging. Sie saß in einem Finanzausschuss. Die Sitzung war von Stress und Feindseligkeit geprägt. Sie merkte, wie ihre Gefühle anfingen, die Oberhand zu gewinnen; langsam, aber sicher stieg ihr Adrenalinspiegel. Dann hörte sie den Heiligen Geist sagen: »Atme tief durch. Komm zu mir in deinem Herzen. Entspanne dich.«

Sie erkannte: Wenn sie jetzt eingriff, um die Situation zu retten, wozu sie ihre fleischlichen Instinkte drängten, würde sie wahrscheinlich nur ihre Wut und Enttäuschung zum Ausdruck bringen. Stattdessen erlaubte sie dem Heiligen Geist, sie in eine tiefere innere Ruhe zu führen, und hörte nur zunächst einmal still auf ihn. Als sie sich den wütenden Gefühlen, die in ihrem Inneren tobten, verwehrte, begann sie, seinen Frieden zu erleben. »Herr«, begann sie zu beten. »Komm mit deiner Gegenwart und erfülle diesen Raum. Komm und übernimm du diese Situation. Bring Ordnung und Ruhe durch mich.«

Plötzlich ergriff ein Mann in dem Ausschuss, der nur selten etwas sagte, das Wort: »Entspannen wir uns doch. Ich würde vorschlagen, dass wir tief durchatmen und uns beruhigen. Wir können das klären.«

Der unbeschreibliche Friede Jesu begann, die erhitzten Gemüter auf eine rationalere Ebene herunterzuholen, und er gab den Anwesenden die Kraft, sich zu beherrschen und ihre Wut und Ungeduld abzulegen und eine ruhigere Einstellung und Harmonie zu finden. Es ist eine Freude, wenn der Heilige Geist in Situationen stark wird, die er nur in den Griff bekommen kann, wenn wir vor ihm gehorsam und demütig bleiben.

Wenn wir jeden Tag Zeit mit ihm verbringen, weckt er in uns einen Hunger und Durst nach ihm, der weit über irgendeine festgelegte Zeit am Morgen hinausreicht. Wir werden uns nach der immer tiefer werdenden Gemeinschaft einer engen Freundschaft den ganzen Tag hindurch sehnen. Die ständige Gemeinschaft mit ihm zeigt uns, welch ein unbeschreiblich kostbarer Schatz er ist. Er weckt in uns eine so starke Liebe zu ihm, dass uns seine Zustimmung wichtiger ist als die Zustimmung anderer Menschen. Unser Bedürfnis nach Ansehen bei anderen Menschen beginnt abzunehmen. Denn wir erleben bei ihm Bestätigung und Akzeptanz. Wir wünschen von ganzem Herzen, ihm zu gefallen. Je mehr wir ihn lieben, umso mehr sind wir bereit, uns zu erniedrigen. Seine Gegenwart stillt Bedürfnisse in uns, die noch nie zuvor gestillt wurden.

Er hilft uns zu begreifen, dass er immer noch am Werk ist, auch wenn wir scheinbar jeden Augenblick versagen und es nicht schaffen, den ganzen Tag an ihn zu denken. Wir fangen an, die Augenblicke, in denen wir von ihm getrennt sind, zu hassen. Wir fangen an zu erkennen, dass es wirklich eine Beleidigung ist, wenn wir Jesu Gegenwart in uns unterdrücken wollen. Genauso wie wir erkennen, dass unser Ego den Tod erntet, wenn wir unserer selbstsüchtigen Natur nachgeben (Röm 8,5-8), fangen wir auch an, die Feindschaft zu begreifen, die wir Gott entgegenbringen, wenn wir Dinge auf unsere Weise tun. Wir hören auf, Gott mit diesen Dingen traurig zu machen. Wir erkennen, dass es eine Sünde ist, andere zu verurteilen, zu kritisieren, ihnen mit Lieblosigkeit zu begegnen und die Aufmerksamkeit auf uns lenken zu wollen, um zu beweisen, dass wir wichtig sind. Wenn wir sehen, wie sehr wir um uns selbst kreisen, schreien wir zum Heiligen Geist: »Hilf mir, rette mich vor mir selbst.« Er hilft uns, uns öfter am Tag an ihn zu erinnern (Joh 14,26). Unser Arbeitsplatz, unsere Verkehrsmittel, unser Zuhause wird immer mehr von ihm erfüllt. Nur der Heilige Geist kann uns helfen, uns bereitwilliger an Jesus zu wenden und unsere ganze Freude in ihm zu finden.

Agnes Sanford drückt es so aus:

> *»Nur der Heilige Geist, der Tröster, kann uns in der Liebe Jesu halten und uns vor der Wut und Bitterkeit dieser Welt schützen und uns in die Herrlichkeit der Kinder Gottes führen.«*[15]

Was wir dazu tun müssen

Ich hoffe, dieses Kapitel hat Ihnen etwas Wichtiges vor Augen geführt: So notwendig es ist, dass wir uns jeden Tag bewusst Zeit nehmen und alles andere beiseite legen, um vor Gott still zu werden und zu warten, ist es trotzdem genauso entscheidend, dass wir den ganzen Tag nicht aufhören, vor ihm still zu werden und zu warten. Ja, wir sollen sprichwörtlich jeden Augenblick für ihn offen sein.

Wenn wir unsere stille, abgeschiedene Gebetsecke verlassen und der starke äußere Druck unserer Arbeit und Termine auf uns lastet, ist es wichtig, dass wir den Heiligen Geist bitten, uns zu helfen. Nur mit seiner Hilfe können wir bei ihm bleiben und auf ihn schauen. Ich glaube, er freut sich über diese Herausforderung!

Wir müssen uns ihm unterordnen und still warten, damit wir zu unserem Ego Nein sagen können. Das ist schwer zu erreichen, weil wir so sehr mit uns selbst beschäftigt sind. Wenn wir in Furcht und Zittern vor Gott still werden und warten, kann uns das mehr als alles andere helfen, nicht irgendwie davonzulaufen und alles auf eigene Faust zu tun (Phil 2,12).

Wir sind es so sehr gewohnt, aus unserem seelischen Bereich heraus zu handeln: Mit seiner egozentrischen Persönlichkeit, mit dem rebellierenden eigenen Willen und mit den um Anerkennung heischenden Gefühlen. Aber wenn wir vor Gott still werden und warten, fangen wir an zu entdecken, wie viel von unserem Ego noch in unserem täglichen Leben da ist und wie wenig von ihm da ist. Wenn wir anfangen, vor Gott still zu werden und zu warten, wird sich unser Verhalten anfangs nur wenig ändern, aber im Laufe der Wochen und Monate wird unsere Liebe zu ihm wachsen. Wenn das geschieht, wollen wir auf keinen Fall die Zeit mit ihm versäumen oder ihn tagsüber aus den Augen verlieren. Wir werden nicht mehr auf uns selbst gestellt sein wollen. Wir werden wollen, dass er uns lehrt, die innere Panik und die alten Verhaltensmuster zu vermeiden, die durch zu große Hektik und Stress kommen. Wir werden uns dagegen wehren, zu alten emotionalen und geistigen Verhaltensmustern zu greifen, die nichts als Angst und Furcht hervorrufen. Wir werden uns danach sehnen, verändert zu werden.

Wenn wir immer ernster zu ihm rufen, wird er uns die Kraft geben, uns daran zu erinnern, dass er in uns ist, auch wenn unser aufgeregtes Nerven- und Gefühlssystem anfängt, die Oberhand zu gewinnen. Er wird uns daran erinnern, dass wir keine andere Wahl haben: »Stellt euch in den Dienst Gottes, damit Gott eure Glieder und Fähigkeiten als Waffen im Kampf für das Gute gebrauchen kann« (Röm 6,13). Mit anderen Worten: Entscheiden Sie sich bewusst dafür, mit Gott zu gehen und die Dinge so zu tun, wie er es möchte. Entspannen Sie sich, rufen Sie den Heiligen Geist an, dass er Ihnen hilft, ruhig zu werden, Ihren Blick wieder auf Jesus zu richten. Das alles kann tief in Ihrem menschlichen Geist vor sich gehen, selbst wenn außen um Sie herum Chaos herrscht. Sobald Ihr Ego und Ihr Stolz Sie drängen wollen, etwas zu tun, sollten Sie bewusst den Heiligen Geist um seine Kraft und Stärke bitten.

Wenn wir vor Gott still geworden sind und gewartet und in seinem Wort gelesen haben, werden wir vom Heiligen Geist mit Kraft erfüllt. Aber die Entscheidung liegt bei uns: Wollen wir »tot für die Sünde« sein, aber weil wir mit Jesus Christus verbunden sind, mit Gott leben (Röm 6,11)? Tief in unserem Inneren werden wir hören, wie der Heilige Geist uns ein ermutigendes Wort sagt, wie etwa:

> »Laßt ja kein giftiges Wort über eure Lippen kommen! Seht lieber zu, daß ihr für die anderen, wo es nötig ist, ein gutes Wort habt, das weiterhilft und denen wohltut, die es hören. Beleidigt nicht durch euer Verhalten den Heiligen Geist! Er ist wie ein Siegel, das Gott euch aufgedrückt hat, und er verbürgt euch die endgültige Erlösung« (Eph 4,29-30).

Manchmal bedeutet Ermutigung oder Ermahnung auch, in Liebe korrigierend einzugreifen (Eph 4,15). Wenn wir lernen, den ganzen Tag vor Gott still zu werden und zu warten, erkennen wir allmählich, dass der Heilige Geist in uns Raum gewinnt, sobald wir ihm auch nur die kleinste Gelegenheit dazu geben. Er wird uns helfen, ermahnende und ermutigende Worte zu sprechen, auch zu uns selbst, damit wir den Heiligen Geist in uns nicht beleidigen. Wir sollten mit niemandem sprechen, solange wir nicht unter seiner Kontrolle stehen, solange wir uns nicht schnell an ihn gewandt haben, um uns von ihm die richtigen Worte geben zu lassen. Unser leidenschaftlicher Wunsch wird es, den Geist, der in uns lebt, nicht zu betrüben, wie wir es beispielsweise tun, wenn wir ihm nicht erlauben, uns zu helfen, gehorsam zu sein.

Oft bete ich schnell: »Jesus, hilf mir, gib mir die Kraft, zu niemandem etwas zu sagen, solange du nicht zu mir gesprochen und mir Frieden gegeben hast. In deiner Gnade will ich dann zu meinen aufgewühlten Gefühlen und Gedanken sprechen. Ich entspanne mich; ich übergebe mich dir. Es ist genug Zeit, um das zu tun, was in dir und durch dich getan werden muss. Ich weigere mich, mich aufzuregen und deinen Frieden in meinem Herzen zu verlieren. Ich lege meine Gefühle, meine Gedanken und meine Nerven unter das Blut Jesu. Wie Hiob sage ich: ›Was immer du beschließt, es wird gelingen; auf allen deinen Wegen wird es hell‹ (Ijob 22,28). Ich bekenne, dass deine Gegenwart größer ist als diese Schwierigkeit und dass dein Leben über mich und durch mich auf andere ausgegossen ist.« Wenn wir ein solches Gebet aufrichtig sprechen, bringen wir damit Situationen unter seine Kontrolle. Oft braucht er nur einen Menschen, der mit ihm in Verbindung steht und ihm eine Möglichkeit gibt, sich der Situation anzunehmen.

Jedes Mal, wenn ich im Stillen zuversichtlich und vertrauensvoll dieses Gebet spreche, entspanne ich mich und lasse den Heiligen Geist wirken. Solange ich mich unter das Kreuz stelle und mich an Jesus klammere, kommt nichts über meine Lippen. Meine ganze seelische Energie wird unter die Kontrolle des Heiligen Geistes, der in mir lebt, gebracht. Mein Ego, das einspringen und die Situation zu meinem eigenen Ruhm »lösen« will, wird durch den Heiligen Geist in seine Schranken verwiesen. Ich habe nichts aus meinem seelischen Bereich gesprochen, das mich in Schwierigkeiten bringen würde.

Es gibt für jeden Tag Tausende von Gelegenheiten, in denen ich es einüben kann, zu warten und mich ihm unterzuordnen. Wenn wir das tun, stellen wir fest, dass er uns »durch seinen Geist innerlich stark macht« (Eph 3,16). Das tut er auf erstaunlich schnelle und mächtige Weise.

In dem Augenblick, in dem wir es brauchen, buchstäblich zur gleichen Zeit, wenn der Sturm um uns herum wütet, hilft uns der wunderbare Heilige Geist innerhalb und außerhalb unseres seelischen Bereichs, aus dem emotionalen und geistigen Sturm herauszukommen, der dadurch entsteht, dass wir uns überwältigt und angefochten fühlen. Wir fliehen in seinen Schutz, damit er wieder die Kontrolle haben kann (Spr 18,10). Er will, dass wir jeden Augenblick in ungebrochener Gemeinschaft zu ihm kommen. In einem solchen Augenblick können wir nichts tun. Wir können ihm nur erlauben, uns die Kraft zu geben, bei ihm zu bleiben und darauf zu warten, dass er sein Leben durch uns hindurchströmen lässt. Wir können buchstäblich nichts tun, solange er nicht die Kontrolle über uns hat.

Mit jedem Erlebnis wird unser Wille gestärkt. Er gibt uns Kraft, damit unser Wille stärker in ihm wird und sich für ihn entscheidet, auch wenn unser Fleisch sich dagegen wehrt (Joh 15).

Wie leicht lässt man sich von der Hektik durch den Druck und die Sorgen in einer schwierigen Situation verleiten, selbst etwas zu unternehmen! »Ich kann das selbst bewältigen. Geh mir aus dem Weg. Ich werde es schon schaffen!« In dieser Eile vergessen wir den Heiligen Geist einfach. In einer angespannten Situation passiert es leicht, dass die Bedürfnisse unseres Stolzes und unseres Egos die Kontrolle übernehmen wollen. Man darf nicht vergessen, dass die Mächte der Finsternis wollen, dass wir die Verantwortung an uns reißen und unser Fleisch die Oberhand gewinnt.

Ein Mann kam nach einem harten Arbeitstag nach Hause. Seine Frau, die Mutter seiner drei Kinder, war aufgebracht und verärgert wegen der Dinge, die an diesem Tag geschehen waren. Seine spontane innere Reaktion wäre gewesen zu sagen: »Hör mal, ich habe heute selbst einen unvorstellbaren Stress hinter mir. Lass dir erst einmal erzählen, was für einen Tag ich hatte!«

Aber er hatte jeden Tag zehn Minuten in seiner Stillen Zeit im wartenden Gebet verharrt, und der Heilige Geist hatte ihn aufgefordert, den ganzen Tag in dieser wartenden, demütigen Haltung zu bleiben. Tief in seinem Herzen hörte er den Heiligen Geist sagen: »Ich möchte, dass meine liebende Geduld dich in diesem Augenblick erfüllt. Überwinde deine Ungeduld, denn ich möchte, dass in dir eine Frucht meines Wirkens, die Geduld, zum Vorschein kommt. Hab Geduld und hör deiner Frau zu.«

Der junge Ehemann atmete tief durch, empfing die Frucht des Heiligen Geistes, die Geduld, und stellte sich und alles, was er sagen wollte, zurück. Er legte die Arme um seine Frau und sagte: »Was war denn heute los? Erzähle es mir!«

Sein Gehorsam gegenüber dem Heiligen Geist und seine Fähigkeit, ihn sprechen zu hören, weil er es immer wieder eingeübt hatte, wurden belohnt. Sein Herz war erfüllt von Gottes Liebe zu seiner Frau. Die Liebe des Heiligen Geistes verwandelte eine

Situation, die leicht zu einem Ehestreit hätte führen können, in einen großen Segen für sie beide.

Ich möchte noch einmal das große geistliche Gesetz hervorheben, das hinter allem, was ich gesagt habe, steht: Wir werden nie in der Lage sein, uns während des Tages an ihn zu wenden, wenn wir nicht vor Gott still werden und warten und ihm damit Zeit einräumen, die Kontrolle über uns zu gewinnen.

Sie werden genauso wie ich feststellen müssen, dass Sie oft vergessen, inmitten hitziger Situationen vor ihm still zu werden und zu warten. Aber das Wunder von Jesu Macht und Liebe liegt darin, dass er sogar unser schlimmstes Versagen in etwas Gutes verwandeln kann, wenn wir ihm demütig gehorchen. Wenn ich versage und mich von meinen Launen und meiner Wut übermannen lasse, kann ich – nur durch die Kraft, die er mir gibt – zu den betroffenen Leuten gehen und meine Sünde und mein Versagen bekennen und sie bitten, mir zu vergeben. Wenn wir unser Fehlverhalten bereuen und unsere Schuld bekennen, kann er durch uns anderen seine Liebe erweisen.

Ein Anwalt erzählte mir kürzlich: »Ich musste meinen Klienten um Vergebung bitten. Ich hatte zugelassen, dass mein Stolz die Oberhand gewann, und ich war prahlerisch und rücksichtslos gewesen. Der Heilige Geist ließ mir keine Ruhe, bis ich diese Sünde meines Fleisches bekannt hatte.«

Der Mensch, den er um Vergebung bat, war davon so berührt, dass er den Anwalt nach seinem geistlichen Leben fragte. Der Anwalt erzählte ihm, dass er sich angewöhnt habe, vor Gott still zu werden und zu warten, nicht nur zwanzig Minuten in seiner stillen Zeit, sondern den ganzen Tag lang. Wie wunderbar es ist, dass Jesus unser Versagen wegnehmen und es zu einem mächtigen Werkzeug machen kann, anderen von ihm zu erzählen, wenn wir ihm erlauben, uns zu korrigieren und uns zu demütigen, wenn wir vor anderen Menschen unsere Schuld bekennen.

Die Medizin hat in den letzten Jahren viel darüber gesagt, wie zerstörerisch Stress ist; Stress öffnet Krankheiten aller Art Tür und Tor. Wenn wir in Gottes Nähe bleiben und den ganzen Tag vor ihm still sind und warten, bleiben wir ruhig und ausgeglichen; wir lassen uns nicht so leicht aufregen und durcheinander bringen. Unserer Gesundheit, sowohl körperlich als auch geistig, kann nur geholfen werden, wenn wir in ihm verwurzelt sind und dem Glauben und Vertrauen zu ihm die Oberhand überlassen und nicht der Angst und den Sorgen.

Wir können leben, wie wir wollen; wir leben schließlich in einem freien Land. Aber was wir säen, das werden wir auch ernten. Paulus drückt es so aus: »Macht euch nichts vor! Gott läßt keinen Spott mit sich treiben. Jeder Mensch wird ernten, was er gesät hat« (Gal 6,7). Wie viel besser ist es, nicht aus unserem egozentrischen Fleisch, sondern aus seiner Liebe, die durch uns zu anderen überströmt, guten Samen auszusäen. In Psalm 112 lesen wir: »Schlimme Nachricht macht ihm keine Angst, mit ruhigem Herzen vertraut er dem Herrn« (Ps 112,7). Im nächsten Vers heißt es weiter: »Fest und mutig bleibt er, ohne Furcht« (Ps 112,8). Aus dem Heiligen Geist, der in unserem menschlichen Geist lebt, heraus zu leben ist die aufregendste und faszinierendste Erfahrung, die ein Mensch machen kann. In unserem sündigen Fleisch zu handeln ist bestimmt die traurigste Erfahrung. Er will, dass wir in ihm verankert sind und nicht zulassen, dass irgendwelche äußeren Umstände unsere Haltung oder unser Handeln bestimmen oder unseren wunderbaren Herrn daran hindern, uns und anderen mit seiner Leben spendenden Liebe zu helfen.

Er arbeitet ständig an uns und zieht uns in seine Nähe. Er will, dass wir nicht nur ein paar Minuten am Tag, sondern ständig auf ihn schauen und auf ihn warten (Hos 12,6)!

Kapitel 9

Die Folgen des Wirkens des Heiligen Geistes in uns

»Die Erfahrungen des Lebens machen uns demütig, aber wenn wir täglich vor Gott still werden und warten, kann uns das die größte Hilfe sein, demütiger zu werden.«
Margaret Therkelsen

Ich habe einige Kapitel mit persönlichen Beispielen begonnen, die zeigten, wie Gott uns seine Gegenwart spüren lässt, wenn wir vor ihm still werden und warten. Für dieses Kapitel gibt es jedoch kein großartigeres Beispiel als das Geschehen, das wir in der Apostelgeschichte nachlesen können. Die Gegenwart des Heiligen Geistes war so real, so unübersehbar, so mächtig. Der Helfer und Beistand, auf den Petrus, Jakobus, Johannes und alle anderen in Jerusalem warteten, wie Jesus sie angewiesen hatte, kam. Er hatte die Weisheit und die Erkenntnis Gottes, die Macht Gottes, den Geist Gottes und den Geist Jesu. Alles, was sie brauchten, gab ihnen der Heilige Geist.

Das galt nicht nur für die Apostel, die Jesus mit eigenen Augen gesehen und mit eigenen Händen berührt hatten (1 Joh 1,1), sondern auch für alle anderen hundertzwanzig Menschen, die in dem Obergemach versammelt waren. Ansehen und Erfahrung waren unwichtig. Die Gegenwart des auferstandenen Jesus, der Heilige Geist in ihnen, war alles, worauf es ankam. Seine Gegenwart war realer und wichtiger als die Frage, wer sie nach menschlichen Maßstäben waren. Seine Gegenwart überwältigte sie buchstäblich, aber sie zerstörte nicht ihre Individualität.

Der Heilige Geist musste in diesen ersten Nachfolgern Jesu mächtig sein, nicht nur, um die Gemeinde Jesu Christi ins Leben zu rufen, sondern auch, um sie durch übernatürliche Kraft aufzubauen und am Leben zu erhalten. Sie blieben jede Minute in seiner Nähe. Die Apostelgeschichte berichtet eine Szene nach der anderen, in der sie warteten, beteten, Gott lobten und anbeteten. Dabei wurde dem Heiligen Geist die oberste Leitung eingeräumt, und er konnte sich entfalten, da er alles war, was sie brauchten!

Die Menschen, die auf den Heiligen Geist warteten, gehorchten ihm und taten alles, was nötig war, um seine himmlische Herrschaft nicht zu gefährden. Am Anfang standen zehn Tage, in denen sie ihre Schuld bereuten und ihre Egozentrik vor Gott ablegten. Dadurch war die Grundlage dafür geschaffen, dass sie eines Sinnes sein konnten. Ihr hilfloses und machtloses Warten auf Gott lehrte sie, nicht zu handeln, solange er nicht eingriff und die Leitung übernahm. Sie gaben alles andere auf und beschlossen, nur durch das Leben Gottes zu leben. Das klingt einfach, war aber ein tief greifender Schritt.

Das Verhalten der ersten Jünger kann auch uns heute als Vorbild dienen. »Wartet auf den Geist, den [der] Vater versprochen hat ... ihr werdet ... mit dem Geist Gottes getauft werden. Ihr werdet mit dem Heiligen Geist erfüllt werden, und dieser Geist wird euch die Kraft geben ...« (Apg 1,4-5.8). Wir sollen nicht nur hin und wieder warten oder nur in Krisenzeiten; wir sollen ständig, Tag für Tag, darauf warten, dass der Heilige Geist in uns neu Raum bekommt und wirken kann (Eph 5,18).

Der Heilige Geist war »die Hauptsache«, nicht nur für die hundertzwanzig Menschen in dem Obergemach, sondern auch für die vielen tausend Menschen, die später zur Gemeinde dazukamen. Gott selbst lebte in und durch diese Menschen, die ihm nachfolgten. Das hatte Folgen, die keine Gruppe allein aus menschlicher Kraft herbeiführen könnte. Die ganze Menschheitsgeschichte wurde für immer verändert!

Einige der Folgen ihres Wartens, bei dem sie Gott erlaubten, die Kontrolle zu behalten und die Kirche auf seine Weise aufzubauen, werden nachstehend aufgezählt:

1. *Gottesfürchtige Männer aus allen damals bekannten Völkern unter dem Himmel hörten Gott in ihrer Muttersprache zu sich sprechen (Apg 2,5-6).* Der Heilige Geist verkündete durch Petrus, was es wirklich mit Jesus auf sich hatte. Dies tat er mit Vollmacht und Echtheit. Die Folge davon war, dass viele sich entschieden, ihr Leben Gott anzuvertrauen (Apg 2,41).

2. *Der Heilige Geist öffnete den Zuhörern die Ohren, damit sie Petrus' Predigt wirklich hörten.* Während sie ihm zuhörten, machte ihnen der Heilige Geist klar, dass sie gemeint waren und vor Gott schuldig waren. Der Heilige Geist half ihnen, von ihrem falschen Weg umzukehren, sich taufen zu lassen und den Heiligen Geist in ihr Herz aufzunehmen (Apg 2,41).

3. *Die Menschen, die Jesus nachfolgten, erlebten Standfestigkeit und Ausdauer, als sie Gott erlaubten, ihr Leben umzukrempeln.* Sie lebten buchstäblich nur für ihn und in ihm (Apg 2,42). Ihr persönliches Leben war zweitrangig hinter dem Ziel, Gott zu erlauben, sein Leben in ihnen zu entfalten.

4. *Der Heilige Geist zeigte sich den Menschen so machtvoll, dass eine heilige Ehrfurcht, eine Angst sie überkam.* Niemand wollte die Gegenwart Gottes in ihrer Mitte beleidigen und ihm zuwiderhandeln (Apg 2,43). Die Unterordnung unter den Heiligen Geist und eine gottesfürchtige Ehrfurcht waren die Folge, als der Heilige Geist viele Wunder und Zeichen wirkte und durch die Menschen, die Jesus nachfolgten, andere heilte und von ihrer Schuld erlöste. Wir haben heute in unseren Gemeindeversammlungen wenig Furcht oder Ehrfurcht; wir unterhalten uns, wir lachen, tratschen und versäumen es, uns in der Gegenwart des Herrn unterzuordnen. Wir sollten, wenn wir am Sonntagmorgen unsere Kirchen und Gemeinderäume betreten, sofort auf unseren Platz gehen und im Gebet auf Gott warten und darauf, dass seine Gegenwart uns erfüllt. John Henry Jowett, ein berühmter Prediger aus der Vergangenheit, sagte: »Wir beugen uns nicht in Ehrfurcht vor Gott. Dadurch können wir nicht das empfangen, was Gott uns geben möchte und geben würde, wenn wir in Ehrfurcht vor ihn treten würden.«[16]

5. *Die ersten Christen gaben sich im wahrsten Sinne des Wortes selbst auf und ordneten sich dem Heiligen Geist unter.* Sie

gaben ihren Besitz, ihr Hab und Gut auf, damit jeder in einfachen Verhältnissen leben konnte, aber trotzdem genug zum Leben hatte, um sich immer allein auf Gott konzentrieren zu können (Apg 2,44-45).

6. *Ihre Verbundenheit mit dem Heiligen Geist als ihren triumphierenden Leiter wirkte sich dadurch aus, dass sie untereinander in Harmonie und Einheit lebten.* Sie konzentrierten sich auf die Formen eines geistlichen Lebens, die sie immer wieder in seine Gegenwart führten: Beten, Hören, Loben und das Abendmahl (Apg 2,42.46-47).

7. *Innerhalb der Gemeinschaft der ersten Kirche kannte jeder seinen Platz in der Gemeinde.* Gemeinsam lebten sie und waren in ihrem Herzen und in ihrem Denken eins (Apg 4,32). Das war wirklich ein Wunder. Es gab kein Konkurrenzdenken unter ihnen. Der Heilige Geist gab jedem von ihnen seinen Platz und seine Würde in seinem Leben.

8. *Sie waren eine glückliche, fröhliche Gruppe, die bei Gott und allen Menschen Gnade fand (Apg 2,42-47).*

9. *Gott führte Tausende von Menschen zu ihnen, die Teil der Gemeinde wurden.* Während sie warteten und beteten, bekam der Heilige Geist Raum, in ihrer Mitte das Reich Gottes aufzubauen: Er zog sie zu sich; er erfüllte sie; er zeigte ihnen ihre Schuld; er lehrte sie. Das alles tat er, während sie in ehrlicher Unterordnung vor Gott still wurden und warteten. Er war der Einzige, der Gottes Werk tun konnte (Apg 2,32-33).

Diese Beispiele zeigen, welche Folgen es nach sich zieht, wenn man unter der Kontrolle der starken und liebenden Leitung des Heiligen Geistes steht. Er hatte die Autorität bekommen, derjenige zu sein, der diese große Gruppe von Männern und Frauen leitete. Die Menschen gaben die Leitung an ihn ab und bewegten sich nur so, wie er sie führte. Und er stillte alle ihre Bedürfnisse.

Aber in der Geschichte von Hananias und Saphira zeigt sich, wie tief das Bedürfnis des Stolzes nach eigenem Ruhm und eigenem Ansehen sein kann (Apg 5). Wir sehen, dass selbst in der heiligen Atmosphäre der ersten Gemeinde in diesen ersten Monaten und Jahren, als der Heilige Geist so mächtig und uneingeschränkt im Leben der Christen regierte, das Ego immer noch hässlich zu Tage trat. Hananias' und Saphiras Stolz und eigensinniger Egoismus verführten sie, einen Teil von Gottes Geld für sich zu behalten. Damit sündigten sie gegen den Heiligen Geist, also gegen Gott selbst. Sie fielen tot um. In seiner absoluten Autorität hatte der Heilige Geist mit den Gesetzesübertretern kurzen Prozess gemacht, und das vor den Augen der anderen. Eine große Furcht kam über die ganze Gemeinde und auch über die Menschen außerhalb der Kirche (Apg 5,1-11). Wenn wir schon in dieser Phase der Kirchengeschichte sehen, wie tief die Sünde und ihre Macht war, dann sollten wir uns fragen, wo wir heute stehen. Wir scheinen mit allem ungeschoren davonzukommen, aber Gott wird uns dafür zur Rechenschaft ziehen. Er tut das bereits, genauso wie er die Menschen in der ersten Gemeinde zur Rechenschaft zog. »Wir haben mit der Hartnäckigkeit unseres eigenen Lebens zu kämpfen«, schrieb G. Campbell Morgan.

»Ich habe oft den Eindruck, der Feind, den ich am meisten fürchte, ist nicht der Teufel, es sind nicht die Probleme, die auf mich einströmen. Dieser Feind bin ich selbst. Mein Egoismus taucht immer wieder auf. Sobald ein Mensch meint, er habe einen Sieg über ihn errungen, und ihn bezwungen, kleidet er sich in andere Gewänder und taucht erneut auf.«[17]

Die Apostelgeschichte zeigt, welche Siege und welche Macht auf uns warten, wenn wir uns dem Heiligen Geist, der in uns lebt, genauso hingeben, wie es unsere Väter im Glauben taten. Das Leben Gottes in unserer Mitte bringt viel Gutes hervor. Die Geschichte der Apostel und des Heiligen Geistes (die ich so nenne, weil sie von dem Leben erzählt, das Gott, der Heilige Geist, durch die Menschen, die an ihn glauben, schenkt) berichtet uns von der großen Harmonie, die zwischen dem Versprechen des Vaters und dem Menschen, der ihm vertraut, möglich ist. Wir werden uns durch diesen Helfer unweigerlich verändern (Joh 15). Er sehnt sich nach Einheit mit uns, genauso wie er mit Jesus eins ist. Aber das geschieht nur, wenn wir es zulassen (Joh 17,21).

Mir ist bewusst, dass Gott den Heiligen Geist in so großer Fülle gab, weil seine Kraft nötig war, damit die Gemeinde Jesu

Christi entstehen und sich gegen die brutalen Widerstände von außen durchsetzen konnte. Auch wenn dieses historische Ereignis ein einmaliges Erlebnis war, sollten wir uns das Vorbild der ersten Christen, die vor Gott still wurden und warteten, auch heute zu Herzen nehmen. Alle Mächte der Hölle, angeführt vom Teufel persönlich, traten gegen die erste Kirche auf. Diese Mächte versuchen auch heute noch zu zerstören, und nur wenn der Heilige Geist in einem Menschen lebt, kann er die ständigen Angriffe der dämonischen Mächte abwehren. Es ist nicht eine angenehme Zugabe, dass der Heilige Geist in einem Menschen, der Jesus sein Leben anvertraut, wohnt; es ist eine Notwendigkeit (Eph 6,10-18).

Alles, was es nötig machte, dass der Heilige Geist damals so mächtig in Erscheinung trat, macht es auch heute nötig. Denn nur durch ihn kann die Kirche in derselben vollständigen Autorität seiner Gegenwart neu entfacht und erneuert werden. Was würde geschehen, wenn Christen aller Konfessionen und Denominationen anfingen, sowohl allein als auch gemeinsam vor Gott still zu werden und zu warten? Was würde geschehen, wenn unsere Pastoren alle Christen auffordern würden, demütig vor Gott still zu werden und zu warten? Ich glaube, unser wunderbarer Herr bekäme den Freiraum, den er braucht, und könnte als unser siegreicher Herr auftreten. Seine Macht und seine Liebe würden wie in den Tagen der Apostelgeschichte von den Menschen, die ihm nachfolgen, ausgehen.

Dieses Buch hat sich auf das innere Leben des Heiligen Geistes im Leben der Christen konzentriert, mit dem er uns durch die Macht seiner Gegenwart zu einer inneren Ganzheit und Heiligkeit führen will. Erst dann kann er durch uns ungehindert wirken und andere erreichen. Wenn wir täglich und in zunehmendem Maße dem Heiligen Geist Raum geben und ihm antworten, kann er immer mehr die Herrschaft in uns übernehmen und durch uns wirken. Das erste Pfingsten ist vorbei, aber wir müssen trotzdem ein Leben führen, das sich Gott unterordnet. Dieses Leben beginnt in unserer persönlichen Zeit mit Gott, wenn wir auf ihn warten. Dann wird auch unser gemeinsames Leben in der Gemeinde die Macht des Heiligen Geistes widerspiegeln.

Es wäre unmöglich, in diesem letzten Kapitel alle Folgen zu beschreiben, die wir erleben können, wenn wir uns selbst zurückstellen und darauf warten, dass der Heilige Geist seine Gegenwart sichtbar macht. Was Gott tut, ist so reichlich, so großzügig neben unseren armseligen Versuchen, dass wir über die Tiefe seiner Liebe zu uns nur staunen können. Der Kampf, unser Ego abzulegen, kann hart sein, aber Gott belohnt jeden Versuch, den wir überhaupt unternehmen, auf erstaunliche Weise. Diese ersten Christen kannten das verheerende Potenzial ihrer menschlichen Begrenzungen durch und durch; sie begriffen, dass nur Gott das gewünschte Ziel herbeiführen konnte. Sie sahen die Folgen des Ungehorsams gegenüber dem Heiligen Geist und ordneten sich ihm demütig unter.

Wir haben uns so weit von seiner Gegenwart, die er uns schenken möchte, entfernt und nehmen die Dinge immer wieder selbst in die Hand. Als Folge davon sehen wir wenig Frucht und glauben nicht einmal, dass er der Herr über uns und in uns sein kann. Dass er alles ist, was wir brauchen. Die unverblümte Wahrheit ist, dass wir meinen, wir müssten unser Leben selbst in die Hand nehmen, weil wir es ihm nicht anvertrauen können. In der Bibel lesen wir: »Nicht durch menschliche Macht und Gewalt wird es dir gelingen, sondern durch meinen Geist! Das sage ich, der Herr, der Herrscher der Welt« (Sach 4,6). Es ist einfach dumm von uns, uns selbst zuzutrauen, dass wir das zustande bringen könnten, was nur Gott bewirken kann. Diese Einstellung spiegelt die Egozentrik und Selbstüberschätzung unserer Generation wider.

Der reine Heilige Geist kann sich unmissverständlich bemerkbar machen, und das weit über den Bereich unserer Sinne, unserer Geschlechtlichkeit und unserer Seele hinaus. Jeder erkennt dann die heilige, selbstlose, klar umrissene Gegenwart Jesu in unserer Mitte. Aber der Heilige Geist wird sich erst auf diese Weise zeigen, wenn wir ihm erlauben, alles aus uns hinauszuwerfen, das uns selbst in den Mittelpunkt stellen will.

In der Bibel lesen wir nur davon, dass wir auf ihn warten und dem Heiligen Geist erlauben sollen, sich uns zu erkennen zu geben, sowohl dann, wenn wir allein sind, als auch in der Gemeinschaft mit anderen Christen, und wir sollen ihm erlauben, uns die schmerzlichen Begrenzungen unseres Fleisches zu zeigen. Wenn wir diesem Vorbild folgen, werden wir immer tiefer erfahren, dass er in uns lebt.

Der Heilige Geist hat mir meine Schuld gezeigt, als ich versuchte, ihm zu erlauben, durch mich in diesem Buch zu wirken. Ich sehne mich viel mehr danach, als alle Worte es beschreiben könnten, immer mehr von mir ihm unterzuordnen, damit er zunehmen kann und ich abnehme! Wenn wir mit ihm zusammenarbeiten, arbeitet er mit uns zusammen (Jak 4,8).

Die Folgen der Zusammenarbeit

Wenn Gott seinen Teil beiträgt und ich meinen Teil beitrage, können wir Erstaunliches erleben. Wenn wir darüber nachdenken, was Gott in unserem Leben tun will, wird uns deutlich bewusst, dass Gott die Person nicht ansieht, sondern die Umstände in unserem Leben. Grundlegend dafür ist, dass er sich mir zeigt, wenn ich bewusst und mit offenem Herzen in seine Gegenwart komme. Was dabei herauskommt, wenn wir auf Gott warten, kann niemand sagen. Das übersteigt jedes menschliche Verstehen und ist bei jedem anders, denn jeder von uns ist einzigartig, und es ist davon abhängig, wie weit wir uns selbst öffnen. Als Ausgangspunkt für Ihren Weg, wenn Sie anfangen wollen, auf Gott zu warten, möchte ich einige der erstaunlichen Dinge nennen, die ich als Trost in seiner Gegenwart erlebt habe.

1. *Wir lernen, welche Freude es ist, uns unterzuordnen.* Wenn wir vor Gott still werden und warten und anfangen, das Versprechen des Vaters zu entdecken, gewinnen wir neue Einsichten, was das Wort »Unterordnung« bedeutet. Unser altes, begrenztes Verständnis einer einmaligen Lebensübergabe weicht einem neuen Verständnis, das alles, was wir bis dahin erfahren haben, bei weiten übersteigt. Es ist wie bei einem Jugendlichen, der schon immer etwas davon geahnt hatte, was es heißt zu studieren, aber jetzt von einem konkreten Thema fasziniert ist und es nicht erwarten kann, der Sache ganz auf den Grund zu gehen.

Wenn wir anfangen, uns unterzuordnen, erkennen wir, welche

Macht uns zur Verfügung steht. Wir haben diese Macht nie zuvor erlebt. Falls doch, dann in einem viel begrenzteren Maß. Die Unterordnung schließt auch mit ein, dass wir immer mehr von uns selbst aufgeben – unsere Meinungen, unsere Wünsche, unsere Lieblingsideen, unseren Eigensinn, unsere Rebellion. Dieser Prozess lässt sich damit vergleichen, wie es ist, wenn wir einen Gegenstand in einer vollen Badewanne untertauchen: Je mehr der Gegenstand in dem Wasser untertaucht, umso mehr Wasser läuft über den Rand der Wanne. Je mehr wir in das Leben des Heiligen Geistes eintauchen, umso mehr ergießt sich der Heilige Geist über die Welt um uns herum. Die Nachfolger Jesu, von denen wir in der Apostelgeschichte lesen, haben genau das erlebt. Sie hatten keine andere Kraftquelle, als in der Gegenwart des Heiligen Geistes unterzutauchen, zu warten und ihm zu dienen, wie wir es in der Apostelgeschichte, Kapitel 13, Verse 1 bis 4 lesen. Niemand sonst konnte ihnen angesichts der Verfolgung und des drohenden Todes helfen. Nur Gottes Macht konnte bewirken, dass sein Wille geschah. Sie wussten außerdem, dass sie seine Macht nicht erleben würden, wenn sie nicht zu seiner Zeit auf seine Weise handeln würden. Sie wollten ihm nicht im Weg stehen und waren bereit, alles abzulegen, damit seine Gegenwart sich zeigen konnte. Sie lernten, sich immer mehr unterzuordnen, weil ihnen keine andere Wahl blieb. Das unausweichliche Ergebnis der Unterordnung war damals wie heute seine starke Gegenwart, die uns davon abhält, aus menschlicher Kraft heraus zu handeln (Apg 7,54-60).

2. *Er freut sich über unsere Freundschaft.* Der Prophet Jesaja berichtet uns, wie sehr Gott möchte, dass wir seine Freunde werden, und dass er uns entgegenkommt, wenn wir warten. »Trotzdem wartet der Herr sehnlich auf den Augenblick, an dem er sich euch wieder zuwenden kann. Er will seine Macht zeigen und sich über euch erbarmen ... Wie glücklich sind alle, die ihre Hoffnung auf ihn setzen!« (Jes 30,18). Im Buch Genesis, Kapitel 3 lesen wir, wie Gott in den Garten kam, um bei Adam und Eva zu sein. Er rief sogar nach Adam und zeigte damit, wie sehr er die Gemeinschaft mit ihnen suchte und wie sehr er auch die Gemeinschaft mit uns sucht. »Am Abend, als es kühler wurde, hörten sie,

wie Gott, der Herr, durch den Garten ging ... Aber Gott rief nach dem Menschen: ›Wo bist du?‹« (Gen 3,8-9).

Wenn wir vor Gott still werden und warten, berührt ihn das zutiefst. Es ist ein Beweis dafür, dass wir uns ihm unterordnen und ganz von ihm abhängig sind. Das ist natürlich der einzige angemessene Weg, mit ihm in Beziehung zu treten. Damit öffnen wir unser Leben, beten ihn an und zeigen ihm unsere ganze Liebe. Wenn wir auf Gott warten, ist das wie ein Alabasterfläschchen der Liebe, das uns etwas kostet; es ist ein angenehm riechendes Parfüm in seiner Nase (Joh 12,1-8).

Gott weiß sehr wohl, dass es für uns ein Opfer ist, wenn wir ihm unsere Zeit, unsere Aufmerksamkeit und unsere Anbetung schenken. Er weiß, dass es uns viel schwerer fällt, still zu sein und zu warten, als irgendetwas für ihn zu tun oder uns in irgendwelchen Gemeindeveranstaltungen zu engagieren. Vor ihm still zu werden und zu warten, heißt einfach, für ihn »da zu sein«, weil wir ihn lieben. Ein Grund, warum uns das Warten so schwer fällt, liegt darin, dass wir es im Verborgenen tun; unser Ego bekommt also nicht die Anerkennung, die wir von anderen bekommen, wenn wir uns in der Öffentlichkeit engagieren.

Wenn wir vor ihm still werden und warten, tun wir damit den ersten Schritt und lernen, bei Gott zu bleiben oder in ihm zu leben. Es gibt gute Möglichkeiten, wie wir in die Gegenwart Gottes kommen können. In meinem persönlichen Leben habe ich festgestellt, dass er sich anscheinend riesig freut, wenn wir in seine Gegenwart kommen und ihm erlauben, uns in unserem Inneren zu zeigen, wer er ist. Oft habe ich, wenn ich zu ihm komme, die Bibel aufgeschlagen auf meinem Schoß liegen und habe mein Herz für ihn und sein Wort geöffnet. Er ist eine lebendige Person, die sich Freundschaft wünscht! Wir denken über seine Worte nach, und er fängt an, uns zu lehren, wie wir mit ihm leben sollen:

> »Bleibt mit mir vereint, dann werde auch ich mit euch vereint bleiben. Nur wenn ihr mit mir vereint bleibt, könnt ihr Frucht bringen, genauso wie eine Rebe nur Frucht bringen kann, wenn sie am Weinstock bleibt« (Joh 15,4).

Da durch das Warten eine Freundschaft mit Gott entsteht, entwickeln wir eine große Sehnsucht danach, in der Harmonie zu leben, von der Jesus zu seinen Jüngern spricht (Joh 15). Wir wollen immer mehr wie er werden, damit sein Wesen unserem Willen die Kraft gibt, immer häufiger das zu tun, was richtig ist.

Gott möchte bei uns sein. Er sehnt sich sogar noch mehr danach, als wir uns danach sehnen, bei ihm zu sein. Er wartet auf uns; er sehnt sich danach, für uns alles zu sein, was wir brauchen (Hld 2,8-14).

Nur wer die unbegreifliche Realität des Heiligen Geistes erlebt hat, kann anfangen zu glauben, dass Gott sich wirklich wünscht, nahe mit ihm zusammen zu sein (Gal 4,19). Der Heilige Geist zieht den Vorhang zwischen uns und Jesus weg, damit wir ihn immer mehr so sehen können, wie er ist. Er lässt das verändernde Leben Gottes in uns wachsen. Der Zustand unserer gefallenen Schöpfung, der unseren Selbstwert durch die Sünde und ihre negativen Folgen so furchtbar verzerrt, weckt in uns Zweifel, dass er sich um jeden Einzelnen von uns kümmert, weil wir seine mächtige Liebe noch nicht erfahren haben. Aber wenn wir vor ihm warten (Micha 7,7) und still unseren Platz vor seinem Gnadenthron einnehmen und uns viel Zeit in seiner Gegenwart nehmen, ob wir nun das Gefühl haben, dass er sich uns zeigt oder nicht, zeigt er sein zärtliches und liebevolles Wesen (Jes 30,18). Er sehnt sich danach, dass wir kommen; er ruft uns und nennt uns beim Namen. Er will bei uns sein. Alles ist bereit. Er hat alles getan, was er tun kann. Wollen Sie zu ihm kommen? (Vgl. Klgl 3,25-26)

3. *Wir betreten eine völlig neue Ebene der Liebe zu ihm.* Wenn uns seine Gegenwart immer stärker bewusst wird, dann bewirkt das in uns, dass wir ihn mit immer größerer Hingabe immer stärker lieben. Wir betreten eine völlig neue Ebene der Liebe zu ihm. Wir fühlen eine tiefere Liebe, die uns der Vater, der Sohn und der Heilige Geist entgegenbringt. Erfahrungen mit jeder Person der Dreieinigkeit kommen immer mehr in den Mittelpunkt.

Wir werden nie ganz erfassen und begreifen können, wie kostbar und heilig Gottes Leben in uns ist, aber wir können immer deutlicher erkennen, wie stark seine Liebe nicht nur zu uns, sondern zu allen Menschen ist. Wir kommen in die »Liebe der Braut«, wie es die Heiligen nennen, eine anbetende Liebe aus tiefstem Herzen, die eine Braut für ihren Bräutigam empfindet. Seine Liebe in uns veranlasst uns, ihn wiederum zu lieben. Und wir wünschen uns, dass er mit seiner göttlichen Liebe durch uns hindurch andere Menschen liebt (Mt 25,1-13; 1 Joh 4,20-21).

Unsere Liebe zu Gott wird unser Leben so verändern, dass wir uns gern unserer inneren Unordnung und Sünde stellen und ihn bitten, uns zu reinigen, damit wir immer mehr werden, wie er ist. Wenn wir vor Gott still werden und warten, kann eines der wunderbarsten Dinge geschehen: Er macht unseren Willen fähig, ihm immer mehr zu gehorchen. Wenn wir nicht vor Gott still werden und warten, können wir einfach nicht das tun, was wir eigentlich tun sollten. Seine Liebe verändert uns. Sie gibt uns die Liebe zu gehorchen und schafft die Grundlage, dass wir ihm vertrauen können (Gal 5,6).

4. *Wir vertrauen ihm immer mehr.* Der Glaube beginnt, in uns zu wachsen. Glaube und Vertrauen geschieht durch Liebe, wenn wir ihm immer mehr vertrauen. Er lehrt uns, dass wir dem seelischen Bereich, dem Bereich unserer fünf Sinne, nicht vertrauen können. Wir sollen nicht aus diesem Bereich heraus leben, sondern vielmehr durch die Abhängigkeit vom Heiligen Geist in unserem menschlichen Geist. Er will, dass wir auf einer völlig neuen Ebene eine Beziehung zum Heiligen Geist aufbauen, nicht nur aus unserer Persönlichkeit oder Willenskraft heraus; stattdessen empfangen wir sein göttliches Wesen (2 Petr 1,3-4). Und er kann durch uns wirken! Wir verlassen uns weniger auf Gefühle und unseren geistigen Zustand, dafür viel mehr auf ihn.

Der Heilige Geist fängt an, sich unserer Ungeduld anzunehmen. Diese Ungeduld ist eines der größten Hindernisse für geistliches Wachstum. Sie entsteht aus unserer Selbstliebe, die der Meinung ist, alles sollte so laufen, wie wir es uns vorstellen. Wir lieben unsere eigenen Vorstellungen mehr als Gottes Vorstellungen. Sonst würden wir uns nicht so sehr aufregen, wenn etwas anders läuft, als wir es für richtig halten.

Er möchte uns mit Frieden und Ruhe erfüllen, die uns so geduldig und ruhig sein lassen, dass wir ihn sprechen hören können (Lk 21,19). Er sehnt sich danach, mit uns zu sprechen.

Das Warten wird erholsam, wenn wir in seinen Frieden eintauchen. Dann werden unsere Bedürfnisse und Nöte nicht mehr größer erscheinen, als er ist (Joh 14,27)! Wenn wir den Frieden verloren haben, sind wir nicht mehr in ihm und bewegen uns in unserem seelischen Bereich. Dann eilen wir zu ihm, damit dieser Friede, diese Ruhe wiederhergestellt werden können (Jak 3,17-18; Eph 2,14).

5. *Wir erleben, dass er uns persönlich in seine Schule nimmt und auf unsere Situation eingeht.* Nur der Heilige Geist kann uns lehren zu warten. Denn jeder von uns ist einzigartig. Jakobus sagt: »Mit Leidenschaft erhebt Gott Anspruch auf den Geist, den er, der Schöpfer, in uns wohnen ließ« (Jak 4,5). Das bedeutet, dass er eifersüchtig mit uns in der Tiefe unseres Seins in Verbindung treten will, aber auch in unseren seichten, oberflächlichen Bereichen. Wenn ich Tag für Tag in seiner Gegenwart warte, verliere ich immer mehr die Angst vor ihm, und er lehrt mich, wie ich ihn empfangen kann.

Er hilft mir, mein sündiges Wesen zu sehen, meine Verwundbarkeit, damit ich mir von ihm helfen lassen kann. Denn er will mein Inneres durch die Macht des Blutes Jesu reinigen. Während ich Tag für Tag gereinigt werde, tauche ich immer mehr in ihm unter und werde der Mensch, als der er mich gemacht hat. In ihm und durch ihn erlebe ich, wer ich wirklich bin. Das Wunder dabei ist, dass ich es oft nicht schaffe, so auf ihn zu reagieren, wie es sich mein Herz eigentlich wünscht. Trotzdem akzeptiert er mich so, wie ich bin! Das erfüllt mich mit Freude und Frieden! Je mehr ich Kontakt zu ihm habe, umso mehr kommt meine neue Person zum Vorschein, und er hilft mir, durch die Hilfe des Heiligen Geistes zu anderen und zu mir selbst in Beziehung zu treten.

6. *Wir lernen neue Möglichkeiten, ihn anzubeten.* Wenn wir vor Gott still werden und warten, führt uns das dazu, Gott, den Vater, Jesus und den Heiligen Geist wirklich anzubeten. Mir gefällt Evelyn Underhills Definition, was ein reiner Gottesdienst ist:

»Er bittet um nichts, er will nichts verbessern. Er fragt nicht danach, was uns die Religion bringt, welchen ›Nutzen die Frömmigkeit‹ für uns hat. Er ist damit zufrieden, Gott anzubeten, ihn zu verehren und sich dabei selbst zu vergessen.«[18]

Während wir vor Gott still werden und warten, dass er handelt, betreten wir eine große, reiche Welt, in der wir ihn so sehen, wie er ist. Wenn wir unsere Probleme aus Gottes Perspektive sehen, können wir sie ablegen. Dazu müssen wir im Heiligen Geist, der in unserem Geist lebt, Gott anbeten, und in der Wahrheit, so wie er die Wahrheit sieht!

Der Heilige Geist schenkt uns seine Gaben und Früchte, wenn wir bei ihm bleiben und ihn anbeten (Gal 5,20ff.). Die wunderbare Erfüllung mit dem Heiligen Geist, dem Kern von Jesu Wesen, seine Liebe und seine Macht werden in uns immer stärker werden und im Gebet und in unserem täglichen Leben auf andere überfließen. Im tiefsten Sinne des Wortes werden wir zur Seite treten, wenn er durch uns wirkt. Wir werden ohne jeden Zweifel wissen, dass Jesus an erster Stelle steht und nicht wir.

Wenn unser eigenes Ego immer mehr abnimmt, kann er uns immer öfter und tiefer erfüllen, weil wir ihm nicht mehr im Weg stehen. Nichts ist aufregender, als uns ihm unterzuordnen, wenn er uns die Kraft gibt, ihn wirken zu lassen (1 Joh 2,27).

7. *Wir sehnen uns danach, so wie Jesus zu sein.* Wenn wir auf Gott warten, sehnt sich unser Herz danach, immer mehr wie Jesus zu sein. Wir entdecken, dass wir lieber ein reines Herz haben als Anerkennung und Ansehen in der Öffentlichkeit. Jeder Schritt auf dem Weg des Wartens wird einen tieferen Wunsch in uns auslösen, um jeden Preis so wie er zu sein.

Unsere vielen Misserfolge bei den Versuchen, so wie er zu sein, werden uns von unserem Stolz befreien, und wir werden verzweifelt weinen. Oft wird niemand sonst von diesen inneren Kämpfen erfahren. Nur er weiß davon. In unserem Versagen werden wir begreifen, dass wir nie aus unserer eigenen Kraft ihm ähnlich sein können. Es ist ein Geschenk des Heiligen Geistes, wenn wir uns selbst überwinden können. Dann werden wir uns immer mehr an ihn klammern, da er unsere einzige Hoffnung ist,

Christus ähnlicher zu werden. Jede Veränderung unseres Charakters kann überhaupt nur geschehen, weil er treu ist und alles für uns tut, auch wenn wir es ihm nicht leicht machen. Gnade auf dem ganzen Weg und nichts als Gnade wird unsere Sehnsucht, so wie er zu sein, stillen können!

Zeit mit Gott verändert unser Leben. Je mehr die Wochen und Jahre vergehen, umso erstaunlicher erleben wir die Auswirkungen seines Lebens in uns. Der Prozess des Wartens, ob wir in der Bibel lesen oder in der Stille auf ihn schauen, öffnet uns geistliche Horizonte, die wir nur durch den Heiligen Geist begreifen können. »Das Leben der Menschen, die auf Gott hören, gleicht dem Sonnenaufgang: es wird heller und heller, bis es völlig Tag geworden ist«, lesen wir in den Sprichwörtern (Spr 4,18). Dieses Leben mit ihm erfüllt jeden ernsthaften Wunsch, den er in uns weckt, und erreicht andere Menschen auf eine Weise, die wir uns nicht vorstellen können.

Das Leben Gottes führt uns immer mehr in seine Herrlichkeit (2 Kor 3,18). Er ist großzügiger, als wir uns je ausmalen könnten. Wenn wir auf ihn warten, öffnen wir uns für ihn und alles, was er ist. Andrew Murray drückte es so aus: »Der Heilige Geist ist die wahre, lebende Gegenwart Gottes und die Macht des Vaters, die in uns wirkt.«[19]

Gott will, dass Jesus durch den Heiligen Geist immer mehr Herr unseres Lebens wird, damit unser Körper, unsere Seele und unser Geist für ihn reserviert sind. Seine »bewahrende Macht« steht uns zur Verfügung, damit wir »im Innersten unversehrt, fehlerlos an Seele und Leib, für den Tag, an dem Jesus Christus, unser Herr, kommt [bewahrt werden]. Gott ist treu, der [uns] berufen hat; er wird [uns] auch vollenden« (1 Thess 5,23-24). Diese »bewahrende Kraft« haben wir nicht aus uns selbst heraus (Jer 17,5-8). Sie hat nur unser großer Hohepriester, Jesus, der Heilige und Ewige. Wenn wir warten, geben wir ihm Raum und Zeit, sein hohes und heiliges Amt auszuführen, wenn wir vor dem Gnadenthron, dem Thron seiner Barmherzigkeit, knien (Jes 25,9).

In der Zukunft werden nur diejenigen, die ihr Fenster nach »Jerusalem« hin öffnen und durch die Bibel und stilles Warten vor ihren Gott treten, aufrecht stehen können (Dan 6,10).

Ich bete von ganzem Herzen dafür, dass Sie erkennen: Er ist allen Lobes und allen Wartens würdig. Lassen Sie sich immer mehr von ihm erfüllen, damit er in Ihnen und durch Sie siegen kann. Ihm ist nichts zu schwer (Jer 32,17-27).

Anmerkungen

[1] Andrew Murray, *The Holiest of All: An Exposition of the Epistle to the Hebrews* (Grand Rapids: Revell, 1993), 30.
[2] A. W. Tozer, *The Pursuit of God* (Camp Hill, Penn.: Christian Publications, 1993), 40-42.
[3] Zitate von Starr Daily in Kapitel 3 stammen aus seinen Berichten aus seinem Leben, die ich bei zahlreichen Gelegenheiten hören konnte.
[4] Thomas Dubay, S. M., *Fire Within* (San Francisco: Ignatius Press, 1989), 113.
[5] Charles Spurgeon, »The Barrier« in *Classic Sermons on Heaven and Hell*, herausgegeben von Warren W. Wiersbe (Grand Rapids: Krege. 1994), 123.
[6] Andrew Murray, *Waiting on God* (Pittsburgh: Whitaker House, 1981), 25.
[7] Oswald Chambers, *Still Higher for His Highest* (Grand Rapids: Zondervan, 1970), 58.
[8] Watchman Nee, *Introduction of Spirit, Soul, Body,* Band 1 (New York: Christian Fellowship Publishers, 1977), 193.
[9] Jessie Penn-Lewis, *Soul and Spirit* (Poole, England: The Overcomer Literature Trust, n.d.), 33.
[10] Spurgeon, *Classic Sermons,* 121.
[11] Watchman Nee, *The Spiritual Man* (New York: Christian Fellowship Publishers, 1977), 185-186.
[12] Dubay, *Fire Within*, 113.
[13] Murray, *Waiting on God*, 25.
[14] Elton Trueblood, *The Lord's Prayer* (New York: Harper and Row, 1965), 52.
[15] Agnes Sanford, *Sealed Orders* (Plainfield, N. J.: Logos International, 1972), 42.
[16] Arthur Poritt, *John Henry Jowett* (New York: George Doran, Co., 1925), 119.
[17] G. Campbell Morgan, »The Strength of the Name«, in *Classic*

Sermons on the Names of God, herausgegeben von Warren W. Wiersbe (Grand Rapids: Kregel, 1993), 133.

[18] Evelyn Underhill, *Life As Prayer* (Harrisburg, Penn.: Morehouse Publishing, 1946), 201.

[19] Murray, *Waiting on God,* 24.